Thomas Albers

Bilanzrechtsmodernisierungsgesetz (BilMoG)

Auswirkungen auf die Bilanzkennzahlen mit Fallbeispiel

igel Verlag
RWS

Albers, Thomas: Bilanzrechtsmodernisierungsgesetz (BilMoG): Auswirkungen auf die Bilanzkennzahlen mit Fallbeispiel, Hamburg, Igel Verlag RWS 2014

Buch-ISBN: 978-3-95485-187-4
PDF-eBook-ISBN: 978-3-95485-687-9
Druck/Herstellung: Igel Verlag RWS, Hamburg, 2014

Bibliografische Information der Deutschen Nationalbibliothek:
Die Deutsche Nationalbibliothek verzeichnet diese Publikation in der Deutschen Nationalbibliografie; detaillierte bibliografische Daten sind im Internet über http://dnb.d-nb.de abrufbar.

Hermannstal 119k, 22119 Hamburg
http://www.diplomica.de, Hamburg 2014
Printed in Germany

Inhaltsverzeichnis

Abkürzungsverzeichnis:

Kurzbezeichnung	Vollständige Bezeichnung
Abb.	Abbildung
Abs.	Absatz
a. F.	alte Fassung
AO	Abgaben Ordnung
Aufl.	Auflage
AV	Anlagevermögen
BBK	Buchführung, Bilanzierung, Kostenrechnung (Zeitschrift)
BFH	Bundesfinanzhof
BGBl.	Bundesgesetzblatt
BMJ	Bundesministerium für Justiz
Bil.	Bilanz
BilMoG	Bilanzrechtsmodernisierungsgesetz
BilReG	Bilanzrechtsgesetz
BilRiLiG	Bilanzrichtliniengesetz
BR-Drucks.	Drucksache des deutschen Bundesrates
Bsp.	Beispiel
bspw.	beispielsweise
BT-Drucks.	Drucksache des deutschen Bundestages
bzw.	beziehungsweise
d.h.	das heißt
DRS	Deutscher Rechnungslegung Standard
EBIT	earnings before interest and taxes
EGHGB	Einführungsgesetz zum Handelsgesetzbuch
EStG	Einkommenssteuergesetz
e.V.	eingetragener Verein
f., ff.	folgende (Singular, Plural)
FIFO	first in – first out
GmbH	Gesellschaft mit beschränkter Haftung
GOB	Grundsätze ordnungsmäßiger Buchführung
GuV	Gewinn und Verlustrechnung
HGB	Handelsgesetzbuch

HGB-E	Handelsgesetzbuch-Entwurf
HIFO	highest in – first out
h. M.	herrschender Meinung
Hrsg.	Herausgeber
IAS	International Accounting Standards
IFRS	International Financial Reporting Standards
i.H.v.	in Höhe von
i.V.m.	in Verbindung mit
LIFO	last in – first out
LOIFO	lowest in – first out
n. F.	neue Fassung
Nr.	Nummer
o.g.	oben genannte, oben genannter
OHG	Offene Handelsgesellschaft
PublG	Publizitätsgesetz
RefE BilMoG	Referentenentwurf Bilanzrechtsmodernisierungsgesetz
RegE BilMoG	Regierungsentwurf Bilanzrechtsmodernisierungsgesetz
ROI	Return on Investment
Rn.	Randnummer
Rspr.	Rechtssprechung
S.	Satz, Seite
son.	sonstige
sog.	so genannte
StB	Steuerberater
Tab.	Tabelle
TSD	Tausend
u.a.	unter anderem
US-GAAP	United States – Generally Accepted Accounting Principles
Vgl.	Vergleiche
z. B.	zum Beispiel

Abbildungsverzeichnis:

Tabellenverzeichnis:

1. Einleitung

Auf Grund der zunehmenden Globalisierung der Güter- und Kapitalmärkte befindet sich die Rechnungslegung seit einigen Jahren im Wandel. Im Zuge dieser fortschreitenden Globalisierung und des verstärkten Agierens von kleinen und mittelständischen Unternehmen auf internationalen Märkten, wurde die Forderung nach einer Modernisierung des geltenden Handelsrechts laut. International wird die Rechnungslegung derzeit von den International Financial Reporting Standards (IFRS) und den United States–Generally Accepted Accounting Principles (US-GAAP) geprägt, so dass seit dem 01.01.2005 kapitalmarktorientierte Mutterunternehmen mit Sitz in der EU dazu verpflichtet sind, ihren Konzernabschluss nach den IFRS zu erstellen.[1] Gezwungenermaßen müssen Unternehmen, ob nun kapitalmarktorientiert oder nicht, einen Jahresabschluss nach internationalen Rechnungslegungsstandards aufstellen, um am internationalen Markt wettbewerbsfähig sein zu können und daran Teil zu haben. Die durch das Bilanzrechtsmodernisierungsgesetz (BilMoG) umgesetzte Reform des HGB-Bilanzrechts, zielt darauf ab, eine vollwertige Alternative zu den IFRS zu bieten, indem eine maßvolle Annährung der handelsrechtlichen Rechnungslegungsvorschriften an die IFRS vorgenommen werden soll.[2]

Mit der Einführung des Gesetzes zur Modernisierung des Bilanzrechts (BilMoG) will der Gesetzgeber „das bewährte HGB-Bilanzrecht zu einer dauerhaften und im Verhältnis zu den internationalen Rechnungslegungsstandards vollwertigen, aber kostengünstigeren und einfacheren Alternative"[3] weiterentwickeln. Zentrales Ziel des Gesetzgebers ist es dabei, das deutsche Bilanzrecht im Vergleich zu den internationalen Rechnungslegungen wieder attraktiver zu gestalten und damit eine Antwort auf die IFRS zu geben. Die Gesetzgebung des BilMoG ist geprägt von dem Gedanken, das verlorene Vertrauen in eine wirklichkeitsgetreue Darstellung der wirtschaftlichen Verhältnisse der Unternehmen in den Abschlüssen nach HGB wieder herzustellen.[4] Im Bereich der Regelungen zum handelsrechtlichen Jahresabschluss

[1] Vgl. Verordnung (EG) Nr. 1606/2002 des Europäischen Parlaments und des Rates vom 19.07.2002 betreffend der Anwendung internationaler Rechnungslegungsstandards, ABIEG Nr. L 243, S.1.
[2] Vgl. Bundesregierung: Regierungsentwurf eines Gesetzes zur Modernisierung des Bilanzrechts vom 21.05.2008, S. 33ff..
[3] Bundesregierung: Regierungsentwurf eines Gesetzes zur Modernisierung des Bilanzrechts vom 21.05.2008, S.1.
[4] Vgl. Bundesregierung: Regierungsentwurf eines Gesetzes zur Modernisierung des Bilanzrechts vom 21.05.2008, S. 71.

sieht hierbei das BilMoG umfassende Änderungen in Bezug auf Ansatz-, Ausweis-, Bewertungs- und Anhangsvorschriften vor. Die Vielzahl und die Komplexität dieser Änderungen durch den Gesetzgeber und deren Auswirkungen auf das Bild der Bilanz und deren Bilanzkennzahlen ergeben den Grund für dieses Fachbuch.

Zielsetzung

Dieses Fachbuch setzt sich mit den wesentlichen Änderungen durch die Einführung des BilMoG auseinander. Die Zielsetzung dabei ist, einen Beitrag zur Erschließung der Änderungen und deren Auswirkungen, speziell im Bezug auf die Bilanzkennzahlen, zu geben.

Problemstellung

Wie wirken sich die Änderungen durch das BilMoG auf die einzelnen Bilanzpositionen aus, und beeinflussen demzufolge die Aussagekraft der entsprechenden Bilanzkennzahlen?

Abgrenzung und Vorgehensweise der Untersuchung

Die Ausführungen beziehen sich ausschließlich auf die Rechtslage nach dem Handelsgesetzbuch. Zudem wird der Konzernabschluss nicht behandelt, da dieser i.d.R. nach den IAS aufgestellt wird.

Im ersten Kapitel werden die wesentlichen Änderungen der Neuregelung des BilMoG umfassend erläutert. Es wird u.a. auf die Zielsetzung der neuen handelsrechtlichen Rechnungslegung eingegangen und anschließend Aspekte der Ansatz-, Ausweis-, Bewertungs- und Anhangsvorschriften nach BilMoG aufgezeigt.

Das zweite Kapitel umfasst die instrumentellen Bausteine der Jahresabschlussanalyse. Hierzu werden die wichtigsten Bilanzkennzahlen definiert und auch traditionelle Kennzahlensysteme vorgestellt.

Im letzten Kapitel werden die einzelnen Änderungen durch BilMoG explizit hinsichtlich deren Auswirkungen auf die Bilanzkennzahlen analysiert. Dazu erfolgt ein selbst gewählter Ansatz, um die Auswirkungen der Neuregelungen durch BilMoG auf die Bilanzanalyse bzw. -kennzahlen zu erschließen.

Hierzu wird anhand einer Bilanz und GuV der Master-GmbH beispielhaft gezeigt, wie sich die Ansatz-, Ausweis- und Bewertungsvorschriften auf die Bilanzkennzahlen auswirken. Dabei wird simultan eine Bilanzanalyse nach HGB a. F. und HGB n. F. im Jahre 2010 erstellt und kritisch gewürdigt. Eine Betrachtung der Vorjahre sowie der Folgejahre kommt nicht in Betracht. Abschließend erfolgt eine Schlussbetrachtung.

2. Das Bilanzrechtsmodernisierungsgesetz (BilMoG)

2.1 Allgemeines zum BilMoG

Am 21. Mai 2008 wurde durch das Bundeskabinett der Referentenentwurf des umfangreichen Bilanzrechtsmodernisierungsgesetzes (BilMoG) beschlossen. Die endgültige Verabschiedung des Gesetzes erfolgte am 26. März 2009 durch den Bundestag, als auch am 03. April 2009 durch den Bundesrat. Nach der Ausfertigung durch den Bundespräsidenten wurde das BilMoG am 28. Mai 2009 im Bundesgesetzblatt verkündet und ist somit am 29. Mai 2009 in Kraft getreten.[5]

Seit der Einführung des Bilanzrichtliniengesetzes (BiRiLiG) im Jahre 1985 beinhaltet das BilMoG die größte Reform des deutschen Bilanzrechts. Zwischen den Jahren 1985 und 2005 wurden zwar eine Reihe von neuen Gesetzen zur Offenlegung und Rechnungslegung durch den Gesetzgeber verabschiedet, diese stellen aber im Wesentlichen nur einzelne Vorschriften dar. Das BilMoG hingegen ist eine fundamentale Reform der Rechnungslegungsvorschriften sowohl im Einzelabschluss als auch im Konzernabschluss. Unternehmen, die Jahresabschlüsse nach dem deutschen Recht erstellen, benötigen laut der Begründung der Bundesregierung zu diesem Gesetz eine moderne Bilanzierungsgrundlage, welche zu den IFRS (International Financial Reporting Standards) konkurrenzfähig ist. Dadurch soll das BilMoG als eigenständiges Regelwerk losgelöst von den IFRS angewandt werden können. Gleichzeitig bleiben im Rahmen des BilMoG die im HGB verankerten Grundsätze ordnungsmäßiger Buchführung (GoB), insbesondere das Vorsichtsprinzip und die daraus abgeleiteten Prinzipien, wie das Anschaffungswertprinzip sowie das Realisations- und Imparitätsprinzip, in der Formulierung unverändert. Außerdem sollen die für die Ausschüttung und Besteuerung relevanten nationalen Rechnungslegungsvorschriften weiterhin als Bemessungsgrundlage bestehen bleiben. Zudem werden bestimmte aktualisierte Richtlinien der EU im Rahmen des BilMoG in das deutsche Bilanzrecht umgesetzt.

Mit dem BilMoG sollen die größten Änderungen seit über 20 Jahren im HGB erfolgen. Dabei werden diese Änderungen der Rechnungslegungspflichten auch auf das Controlling durchschlagen. Einerseits bedarf es bestimmter zusätzlicher

---

[5] Vgl. Gesetz zur Modernisierung des Bilanzrechts vom 25.05.2009, BGBl. I 2009, S. 1102 ff..

Datengenerierungen für die externe Rechnungslegung nach BilMoG, andererseits sind die Controller auch für die kritische Überprüfung der Steuerungs- und Führungsfähigkeit von Unternehmensabbildungen verantwortlich. Erstmalig anwendbar waren die neuen Regelungen für freiwillige Anwender im Jahr 2009, für alle verpflichtend anzuwenden ist das BilMoG ab 2010. Bereits rückwirkend ab 2008 gelten die neuen Schwellenwerte für die größenabhängigen Erleichterungen bei der einzelgesellschaftlichen Rechnungslegung bzw. die Befreiung von der Konzernrechnungslegung.[6]

2.2 Zielsetzungen der Rechnungslegungssysteme

2.2.1 Zielsetzung der handelsrechtlichen Rechnungslegung

Im deutschen Recht ist die Zielsetzung der Rechnungslegung nicht explizit kodifiziert. Für den handelsrechtlichen Jahresabschluss werden diese nur in Form von Aufgaben beschrieben. Der handelsrechtliche Jahresabschluss (Einzelabschluss) hat neben der Basisaufgabe, der Dokumentationsfunktion des Geschäftsverlaufs, im Wesentlichen zwei Aufgaben zu erfüllen:

- Zum einen soll der Jahresabschluss die Jahresabschlussadressaten über die Lage des Unternehmens informieren (Informationsfunktion), und
- zum andern soll der Jahresabschluss „den erwirtschafteten Gewinn zur Bemessung erfolgsabhängiger Zahlungen ermitteln (Ausschüttungsfunktion).“[7]

Diese Aufgaben ergeben aus den Vorschriften des HGB, sprich aus den Vorschriften des deutschen Gesellschaftsrechts.[8]

Der handelsrechtliche Jahresabschluss ist im Grunde erheblich durch den Gläubigerschutzgedanken bzw. durch das allgemein bekannte Vorsichtsprinzip geprägt. Dies zeigt sich vor allem dadurch, dass entsprechend dem Realisationsprinzip Erträge erst bei deren Realisierung ausgewiesen werden dürfen. Entsprechend dem Imparitätsprinzip dürfen im Zweifel vorhersehbare Verluste und Risiken bereits vor deren Realisierung berücksichtigt werden. Letztlich führt dies tendenziell zu einer Unterbewertung der Aktiva (Niederstwertprinzip) bzw. einer

[6] Vgl. Art. 66 Abs. 1 EGHGB.
[7] Binger, Marc: Der Ansatz von Rückstellungen nach HGB und IFRS im Vergleich, 1. Aufl. 2009, S. 7.
[8] Vgl. Binger, Marc: Der Ansatz von Rückstellungen nach HGB und IFRS im Vergleich, 1. Aufl. 2009, S. 7.

Überbewertung der Passiva (Höchstwertprinzip), was als logische Konsequenz die Bildung von stillen Reserven zur Folge hat, welche allerdings nicht explizit ausgewiesen werden. Dahinter spiegelt sich der Grundgedanke für das Verständnis des Gläubigerschutzes durch „die Sicherstellung der Schuldendeckungsfähigkeit durch bilanzielle Kapitalerhaltung und eine Ausschüttungsbegrenzung auf den verteilbaren Gewinn."[9]

In eigenen Worten kann die vorsichtige Ermittlung eines ausschüttungsfähigen Gewinns nur mit dem Ziel der Kapitalerhaltung als primärer Bilanzzweck angesehen werden. Keinerlei Grundlage für die Ausschüttungsbemessung erfüllt der handelsrechtliche Konzernabschluss, der im Gegensatz zum handelsrechtlichen Einzelabschluss eine reine Informations- und Dokumentationsfunktion erfüllt.[10]

- **Zielsetzung des Bilanzrechtsmodernisierungsgesetzes**

Die erkläre Zielsetzung des BilMoG ist die Modernisierung und die Deregulierung der handelsrechtlichen Rechnungslegung. Dadurch soll die Aussagekraft des handelsrechtlichen Jahresabschlusses verbessert werden. Durch das BilMoG soll den Unternehmen der Druck genommen werden, internationale Rechnungslegungsstandards anzuwenden, aber gleichzeitig stellt die Reform darauf ab, das HGB stärker an internationale Entwicklungen anzupassen. Damit soll den Unternehmen eine vollwertige Alternative zu den internationalen Rechnungslegungsstandards geboten werden, ohne jedoch deren Nachteile wie: Hoher Zeitaufwand, hohe Kosten und hohe Komplexität zu übernehmen.[11]

Das HGB-Bilanzrecht könne so zu einem Regelwerk, dass den IFRS annähernd gleichwertig ist, ausgebaut werden, welches für die überwiegende Anzahl deutscher Unternehmen, die nicht kapitalmarktorientiert sind, wesentlich kostengünstiger und in der Praxis einfacher zu handhaben ist. Ein weiteres Ziel des BilMoG besteht darin, durch die Aufhebung überflüssiger Vorschriften und die Beseitigung von Wahlrechten den Informationsgehalt der handelsrechtlichen Jahresabschlüsse zu erhöhen. Ziel ist eine Entschlackung des HGB um überflüssige Bestimmungen, insbesondere die

---

[9] Binger, Marc: Der Ansatz von Rückstellungen nach HGB und IFRS im Vergleich, 1. Aufl. 2009, S. 8.
[10] Vgl. Binger, Marc: Der Ansatz von Rückstellungen nach HGB und IFRS im Vergleich, 1. Aufl. 2009, S. 9.
[11] Vgl. BMJ, Referentenentwurf eines Bilanzrechtsmodernisierungsgesetzes (BilMoG), http://www.bmj.de/files/-/2567/RefE%20BilMoG.pdf, S.1.

schon genannten zahlreichen Wahlrechte, welche die Aussagekraft, Verlässlichkeit und die Vergleichbarkeit der Jahresabschlüsse beeinträchtigen.[12]

Zusammenfassend ergibt sich folgende Auflistung:

- Modernisierung des Bilanzrechts.
- Kostengünstigere, gleichwertige und weniger komplexe Alternative zu den IFRS.
- HGB-Bilanz bleibt Grundlage der Ausschüttungsbemessung.
- HGB-Bilanz bleibt Grundlage der steuerlichen Gewinnermittlung.
- Deregulierung und Kostensenkung für kleine und mittlere Unternehmen.
- Stärkung der Informationsfunktion des Jahresabschlusses und des Lageberichts.
- Steuerneutralität.
- Verbesserung der Vergleichbarkeit.
- Beibehaltung des Systems der Grundsätze ordnungsmäßiger Buchführung (GOB).
- Fortführung des Maßgeblichkeitsgrundsatz.
- Verbesserte Möglichkeiten zur Kapitalaufnahme.

Die Ziele des BilMoG können wie folgt dargestellt werden:

Abb. 1: Die Ziele des BilMoG

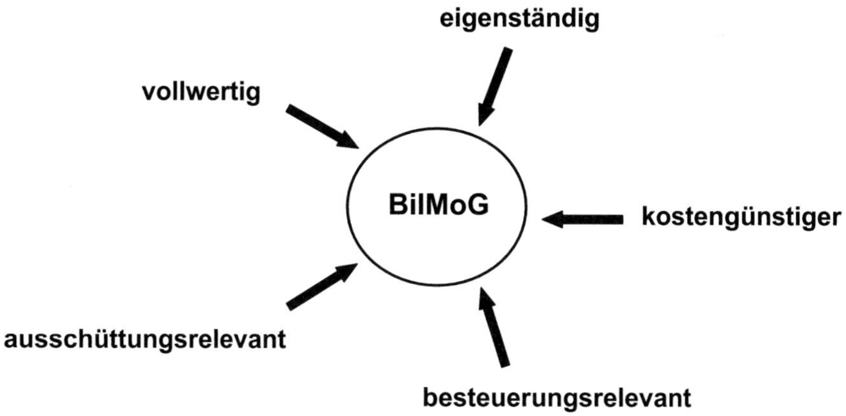

Quelle: Hahn, K.: Skript: Bilanzierung BilMoG und IFRS, S. 10.

[12] Vgl. BMJ, Referentenentwurf eines Bilanzrechtsmodernisierungsgesetzes (BilMoG), http://www.bmj.de/files/-/2567/RefE%20BilMoG.pdf, S. 89.

2.2.2 Zielsetzung der Rechnungslegung nach IFRS

Die IFRS verfolgen entgegen der mehrdimensionalen Zielsetzung des handelsrechtlichen Jahresabschlusses nur ein zentrales Ziel, nämlich die Vermittlung der Informationen über die Finanz-, Vermögens- und Ertragslage eines Unternehmens. Diese sind für die Jahresabschlussadressaten bei unternehmensbezogenen Entscheidungen sehr nützlich. Faktisch orientieren sich die IFRS an den auf den Kapitalmarkt ausgerichteten US-GAAP, also an den nationalen Rechnungslegungsvorschriften der USA, welche international breite Anerkennung erfahren, weil hier das Ziel der Bereitstellung von entscheidungsnützlichen Informationen (decision usefulness) verfolgt wird. Neutral und unvoreingenommen sollen die Jahresabschlussadressaten über die finanzwirtschaftliche Lage der Unternehmen informiert (fair presentation) werden, damit sie sich selbst ein Bild über die künftigen Cashflows machen können. Dies soll durch eine adäquate Informationsvermittlung über die Zusammensetzung des Unternehmensergebnisses ermöglicht werden. Auf Ausschüttungssperren und Mindestausschüttungen wird in den IFRS gänzlich verzichtet, stattdessen wird den Jahresabschlussadressaten die Einschätzung der Leistungsfähigkeit und die Einschätzung der damit verbundenen Unternehmenssituation selbst überlassen, nachdem diese entsprechend über Chancen und Risiken informiert worden sind. Die IFRS sind nicht durch den Gläubigerschutzgedanken geprägt, sondern vielmehr sollen die Gläubiger auf Basis der Jahresabschlussinformationen selbstständig über die finanziellen Beziehungen zum Unternehmen entscheiden.[13]

2.3 Gegenstand und Auswirkungen des BilMoG

Gegenstand des BilMoG sind die Bilanzierungsgrundlagen, wie zum Beispiel die Neuformulierung des Grundsatzes der Bewertungsstetigkeit. Gravierende Änderungen beinhaltet das BilMoG zu den Bilanzierungs- und Bewertungsregeln für bestimmte Bilanzposten, als Beispiel sind hier die Rückstellungen anzuführen. Darüber hinaus werden bei einer Reihe von weiteren Einzelposten bisherige Ansatz- und Bewertungswahlrechte abgeschafft. In Folge der Maßgabe des Finanzministeriums zur Wahrung der Aufkommensneutralität des BilMoG, mussten all diejenigen Vorschriften im Steuerrecht angepasst werden, die von den Änderungen im HGB wegen des Maßgeblichkeitsprinzips betroffen gewesen wären. Mit den

[13] Vgl. Binger, Marc: Der Ansatz von Rückstellungen nach HGB und IFRS im Vergleich, 1. Aufl. 2009, S. 10ff.

neuen Bilanzierungs- und Bewertungsvorschriften gehen auch weitere Offenlegungsvorschriften einher, die zum Teil Ausfluss der Umsetzung der EG-Abänderungsrichtlinie sind.[14]

Des Weiteren werden im Rahmen des BilMoG die Regelungen zur Corporate Governance (Unternehmensfortführung) und Abschlussprüfung infolge der Umsetzung der EG-Abschlussprüferrichtlinie spezifiziert.[15]

Infolge des umfangreichen Gegenstands des BilMoG, ergeben sich weit reichende Auswirkungen, welche die nachfolgende Darstellung verdeutlicht:

Abb. 2: Gegenstand und Auswirkungen des BilMoG

Quelle: Hahn, K.: Skript: Bilanzierung BilMoG und IFRS, S. 11.

[14] Vgl. Richtlinie 2006/46/EG des Europäischen Parlaments und des Rates vom 14. Juni 2006 zur Änderung der Richtlinien des Rates 78/660/EWG über den Jahresabschluss von Gesellschaften bestimmter Rechtsformen, 83/349/EWG über den konsolidierenden Abschluss.

[15] Vgl. Richtlinie 2006/43/EG des Europäischen Parlaments und des Rates vom 17. Mai 2006 über Abschlussprüfungen von Jahresabschlüssen und konsolidierten Abschlüssen, zur Änderung der Richtlinien 78/660/EWG und 83/349/EWG des Rates und zur Aufhebung der Richtlinie 84/253/EWG des Rates.

2.4 Die wesentlichen Änderungen im Einzelabschluss

- **Erleichterungen bei der Rechnungslegungspflicht**

Im Rahmen der Deregulierung kommt es zum Wegfall der Rechnungslegungspflicht für Kleinstunternehmen. Diese sind von der Pflicht zur Erstellung eines Inventars und Buchführung nach § 241 a HGB befreit. Die Pflicht zur Erstellung einer Bilanz und einer Gewinn- und Verlustrechnung entfällt nach § 242 Abs. 4 HGB. Gemäß der § 241a HGB i.V.m. §242 Abs. 4 HGB handelt es sich bei den betroffenen Unternehmen um Einzelkaufleute, die an zwei aufeinander folgenden Abschlussstichtagen folgende Größenmerkmale nicht überschreiten:

1. Umsatzerlöse: 500.000,- Euro und
2. Jahresüberschuss: 50.000,- Euro

rückwirkend für Geschäftsjahre, die nach dem 31.12.2007 begonnen haben.[16]

Unter dem Aspekt der Deregulierung werden ebenfalls die monetären Schwellenwerte für die Größeneinteilung von Kapitalgesellschaften angehoben. Dabei werden die Bilanzsumme und der Umsatz in § 267 Abs. 1 HGB um 20% rückwirkend zum 01.01.2008 angehoben.[17]

Tab. 1: Größenklassendefinition nach § 267 HGB

	Bilanzsumme		Umsatzerlöse		Mitarbeiter
	bisher	neu	bisher	neu	
Kleine Unternehmen	bis 4.015.000,- Euro	bis 4.840.000,- Euro	bis 8.030.000,- Euro	bis 9.680.000,- Euro	bis 50
Mittlere Unternehmen	16.060.000,- Euro	19.250.000,- Euro	32.120.000,- Euro	38.500.000,- Euro	51 - 250

Quelle: Vgl. Kreipl, Markus: Die Deregulierung der HGB-Rechnungslegung als Herausforderung für die Unternehmensüberwachung, ZCG, März 2009, S. 135-139.

Inhaltlich zentral ist die Streichung der so genannten umgekehrten Maßgeblichkeit nach § 5 Abs. 1 S. 2 EStG. Somit kommt es zur Aufhebung der handelsrechtlichen Öffnungsklauseln zur Beibehaltung der steuerlichen Werte. Konkret bedeutet dies die Abschaffung der Möglichkeiten, z. B. steuerliche Mehrabschreibungen in der

---

[16] Vgl. ICV-Facharbeiterkreis „Controlling und IFRS"(Hrsg.): BilMoG und Controlling, 1. Aufl. 2009, S. 25; Vgl. dazu auch §§ 241 und 242 HGB.

[17] Vgl. ICV-Facharbeiterkreis „Controlling und IFRS"(Hrsg.): BilMoG und Controlling, 1. Aufl. 2009, S. 25.

Handelsbilanz zu berücksichtigen oder einen Sonderposten mit Rücklageanteil auszuweisen.[18]

- **Abschaffung von Ansatzwahlrechten**

Ein Aktivierungswahlrecht wurde für bestimmte, selbst geschaffene immaterielle Vermögensgegenstände eingeführt. Das bisher geltende generelle Aktivierungsverbot für selbst geschaffene immaterielle Vermögensgegenstände des Anlagevermögens nach § 248 Abs. 2 HGB wurde neu gefasst und kann als Aktivposten in die Bilanz aufgenommen werden. Damit fällt auch die Aktivierungspflicht für erworbene immaterielle Vermögensgegenstände und selbst geschaffene immaterielle Vermögenswerte im Umlaufvermögen, wie z. B. für die Entwicklungskosten. Somit ist grundsätzlich eine gleiche bilanzielle Behandlung der zuvor genannten immateriellen Vermögensgegenstände möglich. Mit einer Ausschüttungssperre sind gem. § 268 Abs. 8 HGB angesetzte selbst geschaffene Vermögensgegenstände belegt. Hier können allerdings die passiven latenten Steuern angerechnet werden.[19]

Demnach ist seit der Einführung des BilMoG das in § 248 Abs. 2 HGB verankerte Verbot zur Aktivierung selbst geschaffener immaterieller Vermögenswerte gestrichen und durch die explizite Benennung von Bilanzierungsverboten ersetzt worden.

Ansatzverbote sind demnach neben Aufwendungen für

- die Gründung eines Unternehmens,
- für die Beschaffung des Eigenkapitals und
- für den Abschluss von Versicherungsverträgen

auch weiterhin

- nicht entgeltlich erworbene Marken, Drucktitel, Kundenlisten, Verlagsrechte oder vergleichbare immaterielle Vermögensgegenstände des Anlagevermögens.[20]

Die Bundesregierung macht durch eine Konkretisierung in § 255 Abs. 2 a deutlich, dass speziell Entwicklungskosten zu aktivieren sind. Die Forschungskosten hingegen

---

[18] Vgl. § 5 Abs. 1 Satz 2 EStG.

[19] Vgl. ICV-Facharbeiterkreis „Controlling und IFRS“(Hrsg.): BilMoG und Controlling, 1. Aufl. 2009, S. 27-28; Vgl. dazu auch §§ 248 und 268 HGB.

[20] Vgl. ICV-Facharbeiterkreis „Controlling und IFRS“(Hrsg.): BilMoG und Controlling, 1. Aufl. 2009, S. 28.

dürfen weiterhin nicht aktiviert werden. Für die konkrete Vorgehensweise bedeutet dies eine klare Abgrenzung von Forschung und Entwicklung zum ersten, und zum zweiten muss die Frage beantwortet werden, ob die Entwicklung mit hoher Wahrscheinlichkeit zu einem Vermögensgegenstand führt.

Abb. 3: Schematische Darstellung von Forschungs- und Entwicklungskosten

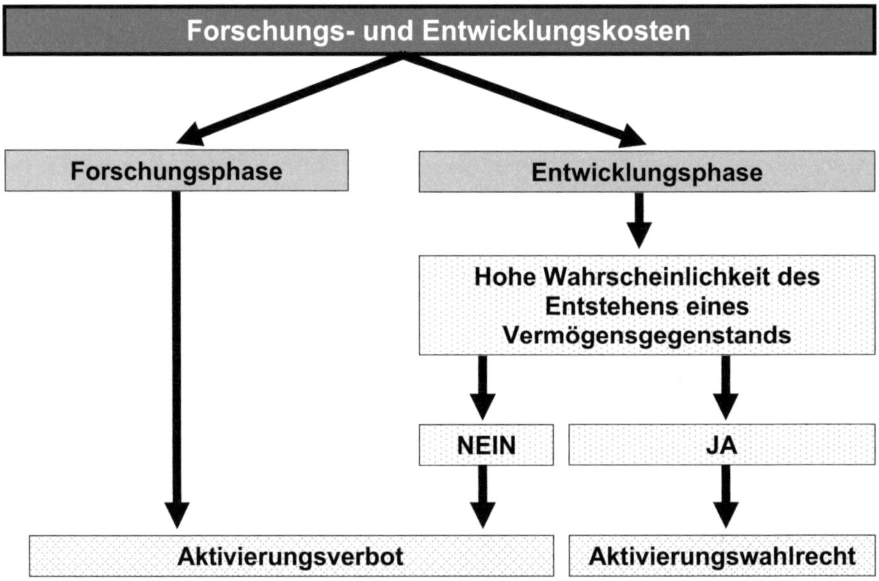

Quelle: Hahn, K.: Skript: Bilanzierung BilMoG und IFRS, S. 30.

Laut der Definition von Forschung und Entwicklung nach § 255 Abs. 2a HGB gilt:

„Entwicklung ist die Anwendung von Forschungsergebnissen oder von anderem Wissen für die Neuentwicklung von Gütern oder Verfahren oder die Weiterentwicklung von Gütern oder Verfahren mittels wesentlicher Änderungen.
Forschung ist die eigenständige und planmäßige Suche nach neuen wissenschaftlichen oder technischen Erkenntnissen oder Erfahrungen allgemeiner Art, über deren technische Verwertbarkeit und wirtschaftliche Erfolgsaussichten grundsätzlich keine Aussagen gemacht werden können."[21]

Seit dem 01.01.2010 ist auch die Aktivierung von Aufwendungen aus der Ingangsetzung und Erweiterung des Geschäftsbetriebs nicht mehr erlaubt. In Folge

[21] § 255 Abs. 2a HGB, S. 49.

des BilMoG werden weitere Ansatzwahlrechte gestrichen, die im Folgenden genannt werden:[22]

- Sonderposten mit Rücklagenanteil.
- Sonstige Wahlrechtsrückstellungen (Unterlassene Instandhaltungsaufwendungen, die im folgenden Geschäftsjahr in den Monaten 4-12 nachgeholt werden sollten, sowie Aufwandsrückstellungen).
- Abgrenzung von Verbrauchssteuern und Zöllen wie auch Umsatzsteuern auf Anzahlungen.

Für den entgeltlich erworbenen Geschäfts- oder Firmenwert bestand nach § 255 Abs. 4 HGB a. F. ein Aktivierungswahlrecht. Dieser entgeltlich erworbene Geschäfts- oder Firmenwert ist im Wege der Fiktion zum zeitlich begrenzten nutzbaren Vermögensgegenstand bestimmt worden. Somit unterliegt dieser dem Vollständigkeitsgebot und wird nach § 246 Abs. 1 Satz 4 HGB aktivierungspflichtig. Ein entgeltlich erworbener Geschäfts- oder Firmenwert ist also zukünftig im Einzelabschluss zwingend zu aktivieren und über dessen wirtschaftliche Nutzungsdauer abzuschreiben. Eine sofortige Aufwandserfassung ist somit nicht mehr zulässig.[23]

- **Die Aufhebung von Bewertungswahlrechten**

Für Nichtkapitalgesellschaften fallen ebenso wie bei den Ansatzwahlrechten viele Bewertungswahlrechte weg. Diese sind die Ermessungsabschreibungen, wie die Abschreibung auf den Wert nach vernünftiger kaufmännischer Beurteilung, und die außerplanmäßige Abschreibung nach § 253 HGB bei nur vorübergehender Wertminderung von immateriellem und Sachanlagevermögen. Ist der Grund für eine frühere außerplanmäßige Abschreibung entfallen, so ist zwingend nach § 253 Abs. 5 HGB auf den fortgeführten Buchwert zuzuschreiben. Eine generelle Zuschreibungspflicht besteht, mit Ausnahme des Geschäfts- oder Firmenwerts, für welchen ein Wertaufholungsverbot besteht. Abschreibungen von Umlaufvermögen auf Schwankungsreservewerte werden für alle Unternehmen untersagt, wie auch steuerliche Mehrabschreibungen.[24]

---

[22] Vgl. §§ 247, 249 Abs. 1 Satz 3 und Abs. 2, 250 Abs. 1 Satz 2 HGB.
[23] Vgl. § 255 Abs. 4 HGB a. F., vgl. dazu auch § 246 Abs. 1 Satz 4 HGB.
[24] Vgl. § 253 HGB.

Die Ermittlung der Herstellungskosten nach § 255 Abs. 2 HGB hat zukünftig nur noch zu Vollkosten zu erfolgen. Somit wird das Wahlrecht, lediglich die Teilkosten zu verrechnen, abgeschafft. Das bedeutet konkret, dass die in der Handels- und Steuerbilanz bislang übliche Unterscheidung von Einzelkosten und Gemeinkosten durch eine Differenzierung nach fixen und variablen Kosten ergänzt wird. So sind nach § 255 Abs. 2 HGB zukünftig neben den Einzelkosten auch die variablen Gemeinkosten in die Herstellungskosten mit einzubeziehen. Für die fixen Gemeinkosten, also Gemeinkosten die unabhängig von der Produktionsmenge anfallen, wie allgemeine Verwaltungskosten, Kosten für soziale Einrichtungen des Betriebs, Kosten der betrieblichen Altersvorsorge und freiwillige soziale Leistungen, bleibt weiterhin ein Einbeziehungswahlrecht bestehen. Es kommt daher zu einer Angleichung des Herstellungskostenbegriffs an das Steuerrecht.[25]

Weiterhin wird der beizulegende Zeitwert grundsätzlich über den Marktwert ermittelt. Andere Bewertungsmethoden dürfen nicht angewandt werden, wenn kein aktiver Markt existiert.[26]

Die nach § 256 HGB bestimmten Bewertungsvereinfachungsverfahren sind auf die Verfahren:

- FiFo (First in First out) und
- LiFo (Last in First out)

beschränkt.[27]

Bei Vermögensgegenständen und Verbindlichkeiten, welche auf Fremdwährung lauten, erfolgt die Währungsumrechnung mit dem Devisenkassamittelkurs. Ist die Restlaufzeit dieser Vermögensgegenstände und Verbindlichkeiten ein Jahr oder weniger, ist die Umrechnung ohne Niederstwert- und Höchstwerttest vorgesehen. Damit findet das Imparitäts- und Anschaffungskostenprinzip keine Anwendung.[28]

---

[25] Vgl. § 255 Abs. 2 HGB.
[26] Vgl. § 255 Abs. 4 HGB.
[27] Vgl. § 256 HGB.
[28] Vgl. § 256 a HGB.

- **Latente Steuern**

Bei den latenten Steuern kommt es bei den Bewertungsmethoden zu einer Änderung der Berechnungsmethode. Bisher galt nach § 274 HGB a. F. ein Ansatzwahlrecht für aktive latente Steuern und eine Ansatzpflicht für passive latente Steuern. Ein grundsätzliches Ansatzverbot galt für aktive latente Steuern auf Verlustvorträge.
Neu ist nach § 274 Abs. 1 HGB, dass eine Ansatzpflicht für aktive und passive latente Steuern gilt. Verlustvorträge, welche in den nächsten fünf Jahren realisiert werden können, sind zukünftig mit einzubeziehen. Eine Saldierung aktiver und passiver latenter Steuern ist zukünftig nicht mehr zulässig und die Bewertung erfolgt zum unternehmensindividuellen Steuersatz im Zeitpunkt der Umkehrung der Differenz.[29] Nach § 274 a Nr. 5 HGB sind kleine Kapitalgesellschaften von der Berechnung der latenten Steuern auf diese Art und Weise ausgenommen.[30]

- **Bewertung von Rückstellungen**

Der Gesetzgeber hat mit dem BilMoG die Zugangs- und Folgebewertung von Rückstellungen wie folgt neu geregelt:

HGB „§ 253 Zugangs- und Folgebewertung

(1) Vermögensgegenstände sind höchstens mit den Anschaffungs- oder Herstellungskosten, vermindert um die Abschreibungen nach den Absätzen 3 bis 5, anzusetzen. Verbindlichkeiten sind zu ihrem Erfüllungsbetrag und Rückstellungen in Höhe des nach vernünftiger kaufmännischer Beurteilung notwendigen Erfüllungsbetrages anzusetzen. Soweit sich die Höhe von Altersversorgungsverpflichtungen ausschließlich nach dem beizulegenden Zeitwert von Wertpapieren im Sinn des § 266 Abs. 2 A. III. 5 bestimmt, sind Rückstellungen hierfür zum beizulegenden Zeitwert dieser Wertpapiere anzusetzen, soweit er einen garantierten Mindestbetrag übersteigt. Nach § 246 Abs. 2 Satz 2 zu verrechnende Vermögensgegenstände sind mit ihrem beizulegenden Zeitwert zu bewerten.

(2) Rückstellungen mit einer Restlaufzeit von mehr als einem Jahr sind mit dem ihrer Restlaufzeit entsprechenden durchschnittlichen Marktzinssatz der vergangenen sieben Geschäftsjahre abzuzinsen. Abweichend von Satz 1 dürfen Rückstellungen

[29] Vgl. § 274 HGB.
[30] Vgl. § 274 a Nr. 5 HGB.

für Altersversorgungsverpflichtungen oder vergleichbare langfristig fällige Verpflichtungen pauschal mit dem durchschnittlichen Marktzinssatz abgezinst werden, der sich bei einer angenommenen Restlaufzeit von 15 Jahren ergibt. Die Sätze 1 und 2 gelten entsprechend für auf Rentenverpflichtungen beruhende Verbindlichkeiten, für die eine Gegenleistung nicht mehr zu erwarten ist. Der nach den Sätzen 1 und 2 anzuwendende Abzinsungszinssatz wird von der Deutschen Bundesbank nach Maßgabe einer Rechtsverordnung ermittelt und monatlich bekannt gegeben. In der Rechtsverordnung nach Satz 4, die nicht der Zustimmung des Bundesrates bedarf, bestimmt das Bundesministerium der Justiz im Benehmen mit der Deutschen Bundesbank das Nähere zur Ermittlung der Abzinsungszinssätze, insbesondere die Ermittlungsmethodik und deren Grundlagen, sowie die Form der Bekanntgabe."[31]

Die neu gefasste Vorschrift des § 253 Abs. 1 Satz 2 HGB ordnet eine Bewertung von Rückstellungen zum notwendigen Erfüllungsbetrag an. Somit enthält das Gesetz erstmals einen Bewertungsmaßstab für ungewisse Verbindlichkeiten. Zudem wurde für Rückstellungen mit einer Restlaufzeit von mehr als einem Jahr ein umfassendes Abzinsungsgebot eingeführt. Die Abzinsung erfolgt mit einem durchschnittlichen Marktzins der jeweils vergangenen sieben Jahre. „Bei Pensionsrückstellungen darf pauschal eine Restlaufzeit von 15 Jahren für die Ermittlung des Durchschnittszinssatzes der Abzinsung angenommen werden."[32]

Die Bewertung mit dem Erfüllungsbetrag bringt keinen konkreten Bewertungsmaßstab zum Ausdruck, sondern liefert nur einen allgemeinen Schätzungsrahmen zur Ermittlung des Betrages, welcher nach vernünftiger kaufmännischer Beurteilung mit den Rückstellungen anzusetzen ist. Die Verwendung des Begriffs „Erfüllungsbetrag" soll ausdrücklich klarstellen, dass in die Betrachtung auch zukünftige Preis- und Kostenänderungen einzubeziehen sind.

Bei der Erfassung eines Differenzbetrages für sonstige Rückstellungen, welche als außerordentlicher Aufwand bzw. Ertrag unmittelbar erfolgswirksam werden, gibt es bei Pensionsverpflichtungen eine Erleichterung. Aufgrund der Abzinsung der Pensionsrückstellung enthalten Zuführungen einen Prämienanteil und einen

[31] § 253 HGB Zugangs- und Folgebewertung, S. 48.
[32] ICV-Facharbeiterkreis „Controlling und IFRS"(Hrsg.): BilMoG und Controlling, 1. Aufl. 2009, S. 29.

Zinsanteil. Betriebswirtschaftlich ist nachzuvollziehen, dass der Zinsanteil als Zinsaufwand gebucht wird, während der Prämienanteil im Personalaufwand ausgewiesen wird. Bis zur Einführung des BilMoG konnten Unternehmen gleichwohl die gesamte Zuführung zur Pensionsrückstellung im Personalaufwand ausweisen.[33] Dies hat sich mit der Einführung des BilMoG geändert. § 277 Abs. 5 HGB fordert nunmehr, dass die Aufwendungen aus einer Abzinsung „... unter dem Posten „Zinsen und ähnlichen Aufwendungen" auszuweisen..." sind.[34] Der Zinsaufwand aus der Abzinsung ist bei Nutzung des Saldierungsgebots mit Aufwendungen und Erträgen aus dem zweckgebundenen Vermögen zu verrechnen.

Damit ergeben sich für Unternehmen, welche von der Aufwandsspaltung bisher keinen Gebrauch gemacht haben, künftig Verschiebungen innerhalb der Gewinn- und Verlustrechnung, die sich u. a. auf eine Erfolgsquellenanalyse bzw. auf einzelne Kennzahlen, wie z.B. EBIT, auswirken können.[35]

Grundsätzlich ist bei erstmaliger Anwendung des BilMoG der Aufwand aus der Neubewertung der Pensionsrückstellung in voller Höhe anzusetzen. Aus Gründen einer im Einzelfall ergebenen deutlichen Ergebnisbelastung für Unternehmen, hat der Gesetzgeber eine Übergangsregelung eingeführt.[36] Hierin besteht für Unternehmen die Möglichkeit, den Unterschiedsbetrag aus der erstmaligen Neubewertung der Pensionsrückstellung über einen Zeitraum bis zum 31.12.2024 als Aufwand zu verteilen. Voraussetzung hierfür ist allerdings, dass der jährliche Aufwand aus der Verteilung mindestens einem Fünfzehntel der Bewertungsdifferenz betragen muss. Damit soll vermieden werden, dass Unternehmen den Aufwand, welcher verursachungsgerecht dem Jahr der Ersteinführung des BilMoG zuzurechnen wäre, innerhalb des Übergangszeitraums willkürlich verteilen.[37]

---

[33] Vgl. Thaut, M.: Auswirkungen des BilMoG auf die Bilanzierung und Bewertung von Pensionsverpflichtungen in der Handelsbilanz unter besonderer Berücksichtigung des 15-jährigen Übergangszeitraums, 2009. S. 20-25.
[34] § 277 Abs. 5 HGB, S. 62.
[35] Vgl. Thaut, M.: Auswirkungen des BilMoG auf die Bilanzierung und Bewertung von Pensionsverpflichtungen in der Handelsbilanz unter besonderer Berücksichtigung des 15-jährigen Übergangszeitraums, 2009. S. 22-23.
[36] Vgl. Art. 67 Abs. 1 EGHGB.
[37] Vgl. ICV-Facharbeiterkreis „Controlling und IFRS"(Hrsg.): BilMoG und Controlling, 1. Aufl. 2009, S. 29.

- **Änderungen und Konkretisierungen**

Die Stetigkeitsgrundsätze werden nach § 246 Abs. 3 HGB und § 252 Abs. 1 Nr. 6 HGB für die Ansatz- und Bewertungsmethoden strenger gefasst.[38]

Ausschließlich die der Erfüllung langfristiger Verpflichtungen dienender Vermögensgegenstände und die Vermögensgegenstände von Altersversorgungsverpflichtungen dürfen mit Pensionsverbindlichkeiten verrechnet bzw. saldiert werden. Zukünftig ist dieses Vermögen, auf welches alle übrigen Gläubiger nicht zugreifen können, zum beizulegenden Zeitwert zu bewerten. Übersteigt bei der Verrechnung der Wert des Vermögens die der Pensionsverpflichtungen, so ist dieser gesondert in der Bilanz aktivisch auszuweisen.[39]

Nach § 246 Abs. 1 HGB besteht die Ansatzpflicht für Vermögensgegenstände nur für Eigentümer, denen dieser Vermögensgegenstand wirtschaftlich zuzurechnen ist. Dadurch ist ein denkbarer Doppelausweis beim wirtschaftlichen und beim juristischen Eigentümer ausgeschlossen.[40]

- **Bildung von Bewertungseinheiten bei Finanzinstrumenten**

Bei Sicherungsgeschäften mit Finanzinstrumenten sind zukünftig nach § 254 HGB Bewertungseinheiten zu bilden. Darin mit eingeschlossen sind auch Termingeschäfte, die sich auf den Erwerb oder auf die Veräußerung von Waren beziehen. Dabei bedarf es bei der Antizipation von schwebenden Geschäften bzw. der erwarteten Transaktionen einer Klärung. Den Abschlussprüfern kommt dabei die Aufgabe zu, jeden Einzelfall darauf zu prüfen, ob die gebildete Bewertungseinheit mit den handelsrechtlichen Bilanzierungsprinzipien im Einklang steht.[41]

---

[38] Vgl. § 246 Abs. 3 HGB; Vgl. dazu auch § 252 Abs. 1 Nr. 6 HGB.
[39] Vgl. ICV-Facharbeiterkreis „Controlling und IFRS“(Hrsg.): BilMoG und Controlling, 1. Aufl. 2009, S. 26.
[40] Vgl. § 246 Abs. 1 HGB.
[41] Vgl. § 254 HGB.

- **Erweiterungen der Anhangangaben und der Lagebericht**

Der Umfang der angabepflichtigen Tatbestände wird sowohl durch Ergänzungen als auch durch die Neufassung von § 285 HGB ausgeweitet. Diese betreffen folgende Tatbestände:[42]

- Von allen großen Kapitalgesellschaften ist das Honorar für Beratungsleistungen, Steuerberatungsleistungen und sonstige Leistungen sowie für die Abschlussprüfung anzugeben.
- Wird ein Geschäfts- oder Firmenwert über einen längeren Zeitraum als fünf Jahre abgeschrieben, ist der Grund hierfür anzugeben.
- Ausweis der zu den Finanzanlagen gehörenden Finanzinstrumente über ihrem Zeitwert.
- Anzugeben sind die nicht zu marktüblichen Bedingungen zustanden gekommene Geschäfte mit nahe stehenden Unternehmen und Personen.
- Sofern es für die Beurteilung der Finanzlage des Unternehmens von Bedeutung ist, ist über Chancen und Risiken sowie über Art und Zweck von nicht in der Bilanz erscheinenden Geschäften.
- Der Gesamtbetrag nach § 248 Abs. 2 HGB aktivierten Forschungs- und Entwicklungskosten.
- Über die Bewertungseinheiten zur Absicherung von Risiken bei Anwendung von § 254 HGB ist ausführlich zu berichten.
- Berechnungsmethoden bei Pensionsrückstellungen sind zu begründen und die dabei angewendeten Parameter sind anzugeben. Darüber hinaus sind die Beträge bei der Verrechnung bzw. Saldierung von Bilanzposten zu benennen.
- Anteile an Spezialfonds.
- Einzeln zu benennen sind die Beträge, die nach § 268 Abs. 8 HGB mit einer Ausschüttungssperre belegt sind. Die bei latenten Steuern berücksichtigten Differenzen oder steuerliche Verlustvorträge sind mit den verwendeten Steuersätzen anzugeben. Dies gilt nur für große Kapitalgesellschaften.

---

[42] Vgl. ICV-Facharbeiterkreis „Controlling und IFRS"(Hrsg.): BilMoG und Controlling, 1. Aufl. 2009, S. 30-31.

Für kapitalmarktorientierte Kapitalgesellschaften kommt es nach § 289 Abs. 5 HGB zu einer Ausweitung des Lageberichts. Dabei sind die wesentlichen Merkmale zu beschreiben, die im internen Risikomanagementsystem im Hinblick auf den Rechnungslegungsprozess Anwendung finden.

2.5 Die wesentlichen Änderungen im Konzernabschluss

Beim Konzernabschluss führt das BilMoG letztlich auch zu wesentlichen Änderungen. Angefangen mit dem Konzerntatbestand, welcher nach bisherigem HGB nach dem Konzept der tatsächlichen Kontrolle gemäß § 290 Abs. 2 HGB a. F. und nach dem Konzept der einheitlichen Leitung gemäß § 290 Abs. 1 HGB a. F. aufgeteilt war. Bei dem Konzept der tatsächlichen Kontrolle verfügte das Mutterunternehmen über die direkte und indirekte Mehrheit der Stimmrechte, also um mehr als 50%, oder hatte das Recht zur Bestellung bzw. Abberufung der Leitungs-, Verwaltungs- und Aufsichtsorgane oder gemäß Vertrag bzw. Satzung das Beherrschungsrecht. Bei dem Konzept der tatsächlichen Kontrolle hält das Mutterunternehmen an einem Unternehmen eine nach § 271 Abs. 1 HGB dauerhafte Beteiligung von min. 20% und übt eine einheitliche Leitung aus.[43]

Nach BilMoG kommt es zu einer Erweiterung des Konzerntatbestands. Demnach ist ein Konzernabschluss zu erstellen, wenn auf ein Tochterunternehmen das Mutterunternehmen einen beherrschenden Einfluss ausüben kann. Die Explizite Trennung in das Konzept der tatsächlichen Kontrolle und das Konzept der einheitlichen Leitung wurde aufgegeben und durch einen neuen allgemeinen Konzerntatbestand ersetzt. Nach § 290 Abs. 2 HGB ist demnach ein Konzernabschluss und ein Konzernlagebericht zu erstellen, wenn das Mutterunternehmen unmittelbar oder mittelbar einen beherrschenden Einfluss auf das Tochterunternehmen ausüben kann. In § 290 Abs. 2 HGB wird konkret bestimmt, wann ein beherrschender Einfluss des Mutterunternehmens vorliegt. Zukünftig wird dieser beherrschende Einfluss auch einem Mutterunternehmen unterstellt, wenn es bei wirtschaftlicher Betrachtung die Mehrheit der Chancen und Risiken eines Unternehmens trägt, welches zur Erreichung eines genau definierten und eng begrenzten Ziels des Mutterunternehmens dient. Weiter wird im neuen Gesetzeswortlaut konkretisiert, dass neben Unternehmen auch sonstige juristische

[43] Vgl. § 271 Abs. 1 HGB und dazu auch § 290 HGB a. F..

Personen des privaten Rechts oder unselbstständige Sondervermögen des Privatrechts als Zweckgesellschaften gelten können. Eine Ausnahme hiervon sind Spezialsondervermögen im Sinne des § 2 Abs. 3 Investmentgesetz.[44]

Bei den Methoden der Kapitalkonsolidierung wurde die Interessenszusammenführungsmethode nach § 302 HGB a. F. gestrichen. Zur Kapitalkonsolidierung ist demnach nur noch die Erwerbsmethode nach § 301 HGB zulässig. Dabei ist die Wertermittlung nach der Neubewertungsmethode gem. § 301 Abs. 1 HGB festgelegt und muss zukünftig wie schon erwähnt zum Erwerbszeitpunkt erfolgen. Bei Vorliegen des Konzerntatbestands sind demnach auch bei Anteilserwerben von weniger als 100% die stillen Lasten bzw. Reserven in voller Höhe aufzudecken. Dies wird zukünftig zu einer höheren Bilanzsumme führen und damit auch zu höheren Abschreibungen und Ergebnisbelastungen.[45]

Nach § 309 Abs. 1 HGB ist der Geschäfts- oder Firmenwert als Vermögensgegenstand zu behandeln. Das Wahlrecht zur erfolgsneutralen Verrechnung mit dem Eigenkapital oder zur Aktivierung und planmäßigen bzw. außerplanmäßigen Abschreibung wurde dahingehend verändert, dass die Option zur erfolgsneutralen Verrechnung gestrichen wurde. Zuschreibungen dürfen nicht erfolgen.[46]

„Die Vergleichbarkeit bei Änderung des Konsolidierungskreises darf nicht mehr durch Anpassung der Vorjahreswerte hergestellt werden (§ 294 Abs. 2 HGB)."[47]
Nach § 301 Abs. 3 HGB erfolgt die Abschaffung des Verrechnungswahlrechts aktiver und passiver Unterschiedsbeträge aus der Kapitalkonsolidierung. Demnach dürfen aktive und passive Unterschiedsbeträge nicht mehr saldiert werden.[48]

Zukünftig erfolgt die Währungsumrechnung nach der modifizierten Stichtagskursmethode. Auf fremde Währung lautende Aktiv- und Passivposten einer Bilanz sind, mit Ausnahme des Eigenkapitals, am Stichtag mit dem Devisenkassamittelkurs in Euro umzurechnen. Das Eigenkapital selbst wird zum historischen Kurs in Euro umgerechnet. Posten der Gewinn- und Verlustrechnung werden mit dem

---

[44] Vgl. § 290 HGB und dazu auch § 2 Abs. 3 Investmentgesetz.
[45] Vgl. ICV-Facharbeiterkreis „Controlling und IFRS"(Hrsg.): BilMoG und Controlling, 1. Aufl. 2009, S. 32; Vgl. dazu auch § 301 HGB.
[46] Vgl. § 309 Abs. 1 HGB.
[47] ICV-Facharbeiterkreis „Controlling und IFRS"(Hrsg.): BilMoG und Controlling, 1. Aufl. 2009, S. 32.
[48] Vgl. § 301 Abs. 3 HGB.

Durchschnittskurs in Euro umgerechnet. In einer separaten Position erfolgt nach den Rücklagen die Erfassung der Umrechnungsdifferenzen innerhalb des Konzern-eigenkapitals.[49]

Bei Änderungen des Konsolidierungskreises darf die Vergleichbarkeit nach § 294 Abs. 2 HGB nicht mehr durch die Anpassung der Vorjahresbeträge hergestellt werden.

Die Pflichtangaben im Konzernanhang sind ebenso wie die Konzernlagebericht-erstattung erweitert worden.[50]

---

[49] Vgl. § 308 a HGB.
[50] Vgl. § 314 HGB und § 315 HGB.

3. Instrumentelle Bausteine der Jahresabschlussanalyse

3.1 Kennzahlen

Bei zunehmender Größe und Komplexität einer Unternehmung besteht die Gefahr der Informationsasymmetrie. In Einzelbereichen der Unternehmung ist der Informationsstand meist besser, als im Zentralbereich der Unternehmung. Eine Folge dessen kann eine zunehmende Dezentralisierung von Entscheidungen sein, weil der sonst erforderliche Informationsaustausch mit der Zentraleinheit der Unternehmung in kaum realisierbaren Grenzen zu halten wäre. Die Bildung von Kennzahlen ist eine Möglichkeit der Informationsaufbereitung, um hinsichtlich der Informationsversorgung zu gewährleisten, dass das Ergebnisziel der Unternehmung nicht verfehlt wird. Ganz allgemein gesprochen, sind Kennzahlen ein rechentechnisches Mittel, „das bei der Lösung von Entscheidungsproblemen verschiedenster Art (vgl. hierzu auch Eberle, R. 2001, S. 168) zur Quantifizierung, aber auch zur Qualifizierung von Informationen beitragen kann."[51]

Dabei werden Kennzahlen zwei wesentliche Funktionen zugeordnet. Zum einen steht die Informationsfunktion von Kennzahlen für die Bewertung und Einordnung von Größen, zur Ursachenermittlung, für die Gewinnung von Erkenntnissen als Entscheidungsgrundlage und letztlich für die Verwendung als Indikator für unklare Zusammenhänge. Dabei gestatten die Kennzahlen einen schnellen und pointierten Blick auf wichtige betriebliche Fakten und Aspekte.[52]

Zum zweiten werden Kennzahlen dann zum Steuerungsinstrument, wenn diese als Zielvorgabe fungieren. Dabei werden komplexe Steuerungsprozesse durch die Verwendung von einer oder mehreren Kennzahlen vereinfacht. Eine Differenzierung der Kennzahlen bezieht sich dabei auf die Frage, in wieweit und in welcher Weise diese das Ergebnisziel der Unternehmung bestimmen oder wiedergeben können. So können Kennzahlen, die das (künftige) Finanzergebnis beeinflussen und damit potentielle Stellhebel für deren Veränderung sind, von denen differenziert werden, die lediglich über das Ergebnis berichten.[53]

---

[51] Küting, K.; Weber, C.-P.: Die Bilanzanalyse, 8. Aufl., Stuttgart 2006, S. 51.
[52] Vgl. Barth, Th.; Barth, D.: Controlling, München 2004, S. 137.
[53] Vgl. Weber, J.; Schäffer, U.: Einführung in das Controlling, 12. Aufl., Stuttgart 2008, S. 176.

Von besonderer Wichtigkeit für die schnelle und überblicksartige Information der Unternehmensführung sind Kennzahlen, die eine Aussage über den finanziellen Erfolg des betrachteten Objektes im Betrachtungszeitraum erlauben. Dabei kann das betrachtete Objekt die Gesamtunternehmung, aber auch strategische Geschäftseinheiten, Produktbereiche, Produkte, etc. sein. Kennzahlen informieren hierbei über hervorzuhebende Informationen in kompakter Weise über einen quantitativ gemessenen Sachverhalt.[54]

Viele Kennzahlen aus der Praxis bauen wegen der verhältnismäßig leichten Erfassung und Aufbereitung der Daten auf Zahlen des Jahresabschlusses auf. Deshalb stellt die Bilanzanalyse ein wichtiges Einsatzgebiet für Kennzahlen dar.

Einen Überblick über die wichtigsten statischen Kennzahlen der Bilanzanalyse liefert die folgende Abbildung:

Abb. 4: Statische Kennzahlen der Bilanzanalyse

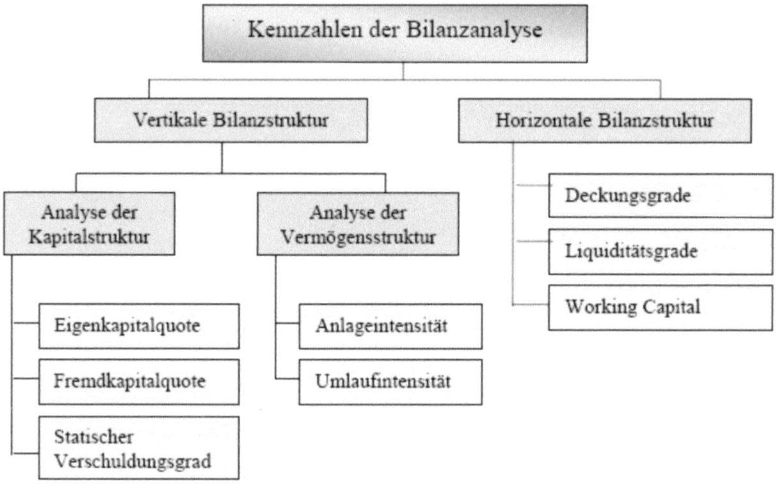

Quelle: Eigene Darstellung in Anlehnung an Peemöller, V.: Bilanzanalyse und Bilanzpolitik, 3. Aufl., Wiesbaden 2003, S. 206-210.

[54] Vgl. Weber, J.; Schäffer, U.: Einführung in das Controlling, 12. Aufl., Stuttgart 2008, S. 176.

3.2 Kennzahlenarten

Die am häufigsten vorfindbare Differenzierung unterschiedlicher Kennzahlenarten ist die nach deren statistischen Form. Hierbei werden absolute und relative Kennzahlen unterschieden. Je nach dem Rechnungszweck und dem Ziel werden unterschiedliche Kennzahlenarten eingesetzt. Es gibt:

„1. Absolute Kennzahlen:
- Einzelkennzahlen (Auftragseingang aus einem Verkaufsgebiet);
- Summenkennzahlen (Kosten für eine Kostenstelle, Bilanzsumme);
- Differenzkennzahlen (Deckungsbeitrag, Liquidität);
- Mittelwerte (durchschnittlicher Auftragswert je Kunde).

2. Relative Kennzahlen:
- Beziehungszahlen (Erfolg/Eigenkapital, Umsatz/Beschäftigter);
- Gliederungskennzahlen (Anlagevermögen/Gesamtvermögen);
- Indexzahlen (Umsatz 1992/Umsatz 1991).“[55]

Die Aufgabe von absoluten Kennzahlen ist es, die Geld- und Güterströme im Unternehmen abzubilden. Durch das Rechnungswesen und allen anderen Teilsystemen des Informationssystems einer Unternehmung werden die absoluten Kennzahlen zur Verfügung gestellt. Es kann somit jedes Ziel mit dem entsprechenden Rechnungszweck zum Ausgangspunkt der Gestaltung einer Kennzahl gemacht werden. Isoliert betrachtet, sind absolute Kennzahlen wenig aussagekräftig und somit nur der erste Schritt für Analysen. Wenn z. B. zwei Unternehmen anhand des Gewinns beurteilt werden sollten, und Unternehmen A einen Gewinn von einer Million Euro ausweist, heißt das noch lange nicht, dass das Unternehmen B mit einem Gewinn von zwei Millionen Euro das bessere ist.[56]

Aus diesem Grund werden relative Kennzahlen herangezogen. Zur Analyse der Zielerreichung werden deshalb mehrere Kennzahlen miteinander verknüpft. Bei dieser kann somit auch gegebenenfalls erkannt werden, warum ein Ziel verfehlt wurde. Kennzahlen werden miteinander in Beziehung gebracht, indem zwei Größen, zwischen denen eine problembezogene oder sachliche Beziehung besteht, verbunden werden. Bekannte Beziehungskennzahlen sind die Rentabilitäts-

[55] Brühl, R.: Controlling: Grundlagen des Erfolgcontrollings, 2. Aufl., München 2009, S.409.
[56] Vgl. Brühl, R.: Controlling: Grundlagen des Erfolgcontrollings, 2. Aufl., München 2009, S.409.

kennzahlen, wie z. B. die Eigenkapitalrentabilität. So wäre im oben genannten Beispiel das Unternehmen A das bessere, weil es mit einem Kapital in Höhe von fünf Millionen Euro eine Rentabilität von 20% erreicht hat, das Unternehmen B hingegen mit einem Kapital in Höhe von zwanzig Millionen Euro eine Rentabilität von nur 10% erreicht hat. An diesem Beispiel wird deutlich, dass nun sinnvolle Aussagen möglich sind. Bei Rentabilitätskennzahlen werden Mittel-Zweck-Beziehungen angenommen, wie im Beispiel der Kapitaleinsatz das Mittel ist, um den Gewinn zu erzielen.[57]

Allerdings gibt es auch Gliederungskennzahlen, bei welchen Teilmengen gebildet werden, um für entsprechende Analysezwecke sinnvolle aussagen tätigen zu können. Dies sind Kennzahlen, welche aus zwei Größen bestehen, wovon die eine Größe die Gesamtheit ausdrückt, die andere Größe eine Teilmenge daraus. Um zum Beispiel die Kosten besser kontrollieren zu können, wird mit Hilfe der Gliederungskennzahlen der relative Anteil, z. B. der Materialkosten, an den Gesamtkosten gemessen.[58]

Kennzahlen, durch welche zeitliche Entwicklungen transparent werden, heißen Indexzahlen. Hierbei werden inhaltlich gleichartige Kennzahlen an unterschiedlichen Zeitpunkten oder Zeiträumen gemessen und miteinander in Beziehung gesetzt. Beim Lohnkostenindex als Beispiel, „wird die betrachtete Zählergröße an einer Basisgröße gemessen.“[59]

Eine weitere Differenzierung von Kennzahlen kann nach

- der zeitlichen Struktur (Größen des Zeitpunktes oder des Zeitraumes),
- den betrieblichen Funktionen (z. B. aus der Produktion, Absatz/Vertrieb, Beschaffung, etc.),
- der quantitativen Struktur (Teil- oder Gesamtgrößen),
- der inhaltlichen Struktur (Werte oder Mengen), sowie nach
- den Quellen im Rechnungswesen (z. B. aus der Finanzbuchhaltung oder Kostenrechnung)

differenziert werden.

[57] Vgl. Brühl, R.: Controlling: Grundlagen des Erfolgcontrollings, 2. Aufl., München 2009, S.409.
[58] Vgl. Brühl, R.: Controlling: Grundlagen des Erfolgcontrollings, 2. Aufl., München 2009, S.410.
[59] Barth, Th.; Barth, D.: Controlling, München 2004, S. 138.

3.3 Kennzahlensysteme

Um fundierte unternehmerische Entscheidungen treffen zu können, ist eine aussagefähige Informationsbeschaffung und –auswertung von großer Bedeutung. Nur wer aussagekräftige und aktuelle Entscheidungsunterlagen besitzt, hat im wirtschaftlichen Konkurrenzkampf größere Chancen, „weil er schneller analysieren, disponieren, reagieren, aber auch agieren kann."[60]

Mit Hilfe von Kennzahlen können Schwachstellen im Unternehmen aufgezeigt werden. Darüber hinaus unterstützen sie die Steuerung, zeigen Abweichungen auf und erfüllen die Funktion eines Bewertungs- und Entscheidungsbarometers. Jeder Controller benötigt ein Mindestmaß an Kennzahlen, um Wirkungs-Ursachen-Beziehungen, also kausale Zusammenhänge, erkennen zu können.[61]

Kennzahlen verdichten per Definition komplexe wirtschaftliche Realität. Aufgrund der Möglichkeit vieldeutiger Interpretationen von Kennzahlen, ist die Aussagefähigkeit – wie schon in Kapitel 3.2 erwähnt – einzelner Kennzahlen in mehrfacher Hinsicht begrenzt. Um den oft mehrdeutigen Interpretationen zu begegnen, ist es notwendig, die Kennzahlen integrativ zu erfassen. Ebenso ist es notwendig, dass die Abhängigkeitsbeziehungen der Kennzahlen aufgezeigt werden. In den meisten Fällen wird dies durch Kennzahlensysteme geleistet. Von einem Kennzahlensystem ist dann zu sprechen, wenn zwei oder mehr Kennzahlen in einer Beziehung zueinander stehen, einander ergänzen oder erklären.[62]

- **Traditionelle Kennzahlensysteme als Ausgangspunkt**

Das wohl älteste und bekannteste Kennzahlensystem, das DuPont-System of Financial Control der amerikanischen Firma > I.E. DuPont de Nemours & Co. <, wurde bereits 1919 entwickelt. Die Grundüberlegung dieses Systems ist, dass nicht die Gewinnmaximierung als absolute Größe im Vordergrund des Unternehmungsziels steht, sondern der „Return on Investment" als relative Größe an der Spitze der Kennzahlenpyramide. Diese Größe lässt sich in zwei Kennzahlen spalten, nämlich in den Kapitalumschlag und die Umsatzrentabilität. Innerhalb des Kennzahlensystems basieren die weiteren Kennzahlen auf Zahlen des Rechnungswesens und sind mathematisch miteinander verknüpft. Durch die schrittweise Aufspaltung der Leit- bzw. Basisgröße können die Haupteinflussfaktoren des Unternehmenserfolgs

[60] Preißler, Peter R.: Controlling, 13. Aufl., München 2007, S. 137.
[61] Vgl. Preißler, Peter R.: Controlling, 13. Aufl., München 2007, S. 137.
[62] Vgl. Barth, Th.; Barth, D.: Controlling, München 2004, S. 138.

analysiert werden. Gleichzeitig können durch die Gegenüberstellung mit unternehmensinternen bzw. unternehmensübergreifenden (z. B. Branchenvergleich) Werten eventuelle Schwachstellen erkannt und eliminiert oder entsprechende Gegenmaßnahmen eingeleitet werden.[63]

Abb. 5: DuPont - Kennzahlensystem

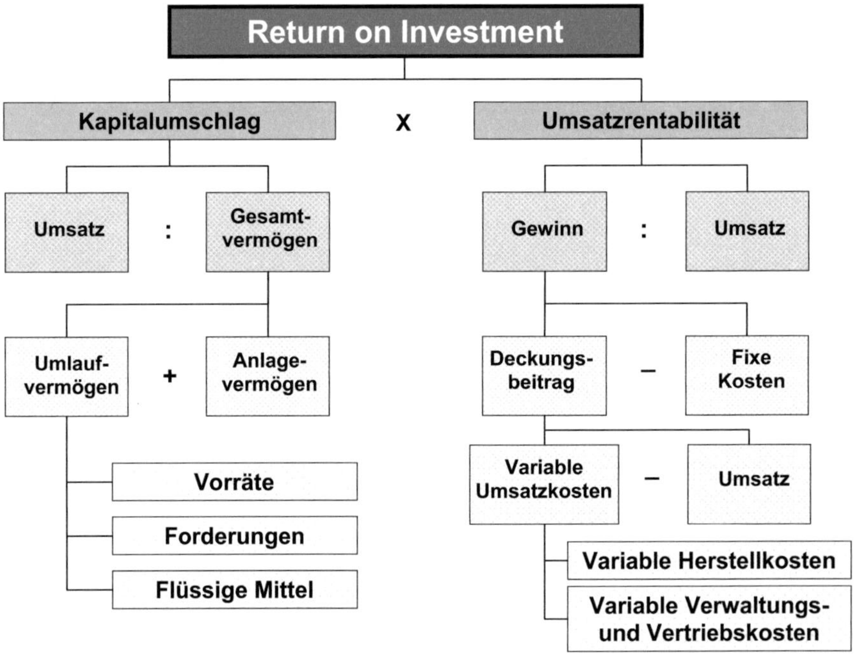

Quelle: Barth, Th.; Barth, D.: Controlling, München 2004, S. 142.

Dieses Kennzahlensystem kann durch die Verwendung von Plankennzahlen auch als Planungs- bzw. Budgetierungsinstrument, aber auch als Kontrollinstrument verwendet werden. Drei Typen von Kennzahlen werden hierfür ermittelt und einander gegenübergestellt:

- „Ist-Kennzahlen der Gegenwart,
- Ist-Kennzahlen der letzten 5 Jahre,
- Soll-Kennzahlen aus dem Budget."[64]

Als Anmerkung zu ergänzen ist, dass über die Vorteile und Nachteile der Kennzahl „Return on Investment" als Zielgröße in der Literatur kontrovers diskutiert wird.

[63] Vgl. Weber, J.; Schäffer, U.: Einführung in das Controlling, 12. Aufl., Stuttgart 2008, S. 188.
[64] Horvàth, Pèter: Controlling, 11. Aufl., München 2009, S. 509.

Ein weiteres traditionelles Kennzahlensystem wurde im Jahr 1969 erstmals veröffentlicht. Es heißt ZVEI-Kennzahlensystem (Zentral Verband der Elektrotechnischen Industrie) und wurde 1989 an die Rechnungslegungsvorschriften angepasst. Darin werden zwei Zielsetzungen verfolgt:[65]

1. Mit Hilfe von Kennzahlen sollen bei der Planung die Zielgrößen ausgedrückt werden.
2. Analysemöglichkeiten sollten mit Hilfe von Zeit- und Betriebsvergleichen genutzt werden.

Das ZVEI-Kennzahlensystem umfasst zwei Bereiche, die Wachstumsanalyse und die Strukturanalyse.

Bei der Wachstumsanalyse werden Größen verglichen, welche als absolute Zahlen vorliegen. Diese absolute Zahlen sind die Umsatzerlöse, der Auftragsbestand, der Jahresüberschuss, das umsatzbezogene Ergebnis vor Zinsen und Steuern, der Cashflow, die Mitarbeiter, der Personalaufwand, die Wertschöpfung und das Ergebnis der gewöhnlichen Geschäftstätigkeit. Dieser Zahlenvergleich ermöglicht einen Überblick zu den Veränderungen im Unternehmen im Vergleich zur letzten Periode.

[65] Vgl. Horvàth, Pèter: Controlling, 11. Aufl., München 2009, S. 511.

Die Strukturanalyse verwendet zur Ergebnisbeurteilung in der Kennzahlenpyramide die Spitzenkennzahl „Eigenkapitalrentabilität". In dieser Kennzahlenpyramide werden neben der Eigenkapitalrentabilität weitere 11 Kennzahlengruppen analysiert. Die Strukturanalyse kann wie folgt dargestellt werden:

Abb. 6: Aufbau des ZVEI-Kennzahlensystems

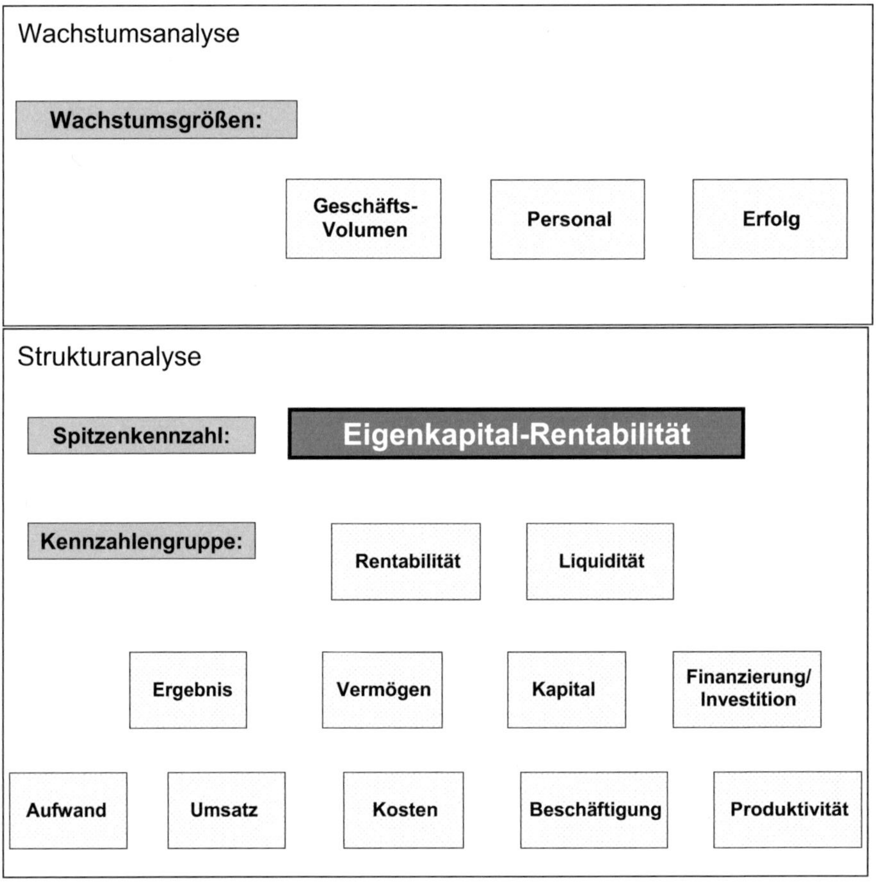

Quelle: Horvàth, Pèter: Controlling, 11. Aufl., München 2009, S. 512.

Anhand der Darstellung des ZVEI-Kennzahlensystems erkennt man die hohe Komplexität bedingt durch die große Anzahl der verwendeten Kennzahlen. Die absoluten Zahlen als Bestandteile betriebswirtschaftlicher Kennzahlen werden in zwei Gruppen geteilt. Dabei erfassen die betriebswirtschaftlichen Bestandszahlen (wie z. B. der Lagerbestand) die zeitpunktbezogenen Risiken in dem Unternehmen. Zur Erfassung der zeitraumbezogenen Ertragskräfte der Unternehmung werden die betriebswirtschaftlichen Bewegungszahlen (wie z. B. der Umsatz) verwendet. Dabei unterscheidet das ZVEI-Kennzahlensystem grundsätzlich vier betriebswirtschaftliche Kennzahlentypen:[66]

1. Typ A Risikokennzahlen: Bestandszahl / Bestandszahl
2. Typ B Risikokennzahlen: Bestandszahl / Bewegungszahl
3. Typ A Ertragskraftkennzahlen: Bewegungszahl / Bewegungszahl
4. Typ B Ertragskraftkennzahlen: Bewegungszahl / Bestandszahl

Das ZVEI-Kennzahlensystem differenziert in Kennzahlen als weiter zerlegbare und aufgliederbare Bestandteile des Systems und in Hilfsgrößen, welche den Kennzahlen zur Erklärung dienen, ohne dass diese jedoch weiter zerlegbar wären. Das aus ca. 200 Kennzahlen bestehende ZVEI-System weist also eine beträchtliche Komplexität auf. Von den ca. 200 Kennzahlen dient etwa die Hälfte ausschließlich dem Zweck, die mathematische Verknüpfung herzustellen.[67]

Ein weiteres traditionelles Kennzahlensystem ist noch das Rentabilitäts-Liquiditäts-Kennzahlensystem (RL-Kennzahlensystem). Als Spitzenkennzahl stehen in diesem System der Erfolg und die Liquidität im Vordergrund. Es wird darin auch auf eine rechnerische Verknüpfung der Kennzahlen weitestgehend verzichtet. Konzipiert wurde dieses System für Analysezwecke und dient primär internen Steuerungsaufgaben der Unternehmensführung. Es soll dabei im Rahmen des Kontroll- und Planungsprozesses wichtige Informationen liefern, die entscheidungsrelevant eingesetzt werden können. Das RL-Kennzahlensystem zerfällt in vier Teile, in einen allgemeinen Teil bestehend aus Erfolgs- und Liquiditätszahlen, und in einen Sonderteil, der ebenfalls in Erfolgs- und Liquiditätszahlen aufgespalten werden kann. Effizienzmaßstäbe des Erfolgs im allgemeinen Teil sind insbesondere Rentabilitätsgrößen, wie Eigenkapitalrentabilität, Gesamtkapitalrentabilität, Return on Investment und die Umschlagshäufigkeit des Gesamtkapitals. Im Sonderteil hingegen sind es Umsatzanteile, Kostenstrukturen und Deckungsbeiträge. Neben der Spitzenkennzahl enthält der allgemeine Liquiditätsteil weitere Größen, wie z. B. das Working Capital oder die Anlagedeckung. Der Sonderteil der Liquidität dient als detailliertes Planungsinstrument auf Basis von Kennzahlen in angespannten

[66] Vgl. Horvàth, Pèter: Controlling, 11. Aufl., München 2009, S. 513-514.
[67] Vgl. Barth, Th.; Barth, D.: Controlling, München 2004, S. 144-145.

Liquiditätssituationen.[68] Darüber hinaus kann das RL-Kennzahlensystem „unter Verzicht auf die Sonderteile auch zur externen Analyse anhand von Jahresabschlusskennzahlen angewandt werden.“[69]

3.4 Bilanzstruktur- und Erfolgsanalyse

Unter dem Begriff der Bilanzanalyse werden die Verfahren der Informationsgewinnung und Informationsauswertung bezeichnet, mittels derer aus den Angaben des Jahresabschlusses und des Lage- bzw. Konzernlageberichts Erkenntnisse über die Vermögens-, Finanz- und Ertragslage des Unternehmens gewonnen werden. Im Mittelpunkt steht hierbei die Beurteilung, wie das betrachtete Unternehmen in der Vergangenheit in der Lage war, die betriebswirtschaftlichen Ziele: Liquidität, Erfolg und Erfolgspotenzial zu erreichen, und inwieweit das Unternehmen wahrscheinlich auch in der Zukunft in der Lage sein wird, diese Ziele zu erfüllen. Die Bilanzanalyse beschäftigt sich mit der finanzwirtschaftlichen und erfolgswirtschaftlichen Situation eines Unternehmens. Als besonders wichtige Analyseziele gelten die Ertragskraft (Erfolg) und die finanzielle Stabilität (Liquidität).[70]

Die Struktur von Vermögen und Kapital wird durch die finanzwirtschaftliche Bilanzanalyse untersucht. Diese versucht eine Aussage darüber abzuleiten, ob das Unternehmen auch in der absehbaren Zukunft in der Lage sein wird, ihren Zahlungsverpflichtungen jederzeit nachzukommen und ob Kapitalverwendung und Finanzierung in einem angemessenen Verhältnis zueinander stehen. Die Qualität der erwirtschafteten Erfolge wird durch die erfolgswirtschaftliche Bilanzanalyse untersucht. Dadurch soll auch eine Prognose über zukünftige Erfolge ermöglicht werden. Bei der erfolgswirtschaftlichen Bilanzanalyse stehen die Beurteilung der aktuellen und zukünftig erwarteten Ertragskraft sowie die Einschätzung des Ertragsrisikos im Mittelpunkt.[71]

Das wichtigste Instrument für die Bilanzanalyse ist die Hilfe von Kennzahlen und Kennzahlensystemen. Eine Bilanzanalyse ohne Kennzahlen wäre nicht möglich. Damit die aus dem Jahresabschluss und dem Lagebericht gewonnenen Daten

---

[68] Vgl. Horvàth, Pèter: Controlling, 11. Aufl., München 2009, S. 516; Vgl. dazu auch Barth, Th.; Barth, D.: Controlling, München 2004, S. 146-147.
[69] Horvàth, Pèter: Controlling, 11. Aufl., München 2009, S. 516.
[70] Vgl. Groll, Karl-Heinz: Das Kennzahlensystem zur Bilanzanalyse, 2. Aufl., München 2004, S. 3-4.
[71] Vgl. Hessen, B.; Gruber, W.: Bilanzanalyse und Kennzahlen, 2. Aufl., Wiesbaden 2009, S. 54.

ausgewertet werden können, müssen sie mit Hilfe von geeigneten Formeln errechnet werden. Erst danach können Kennzahlen über wichtige betriebswirtschaftliche Sachverhalte Informationen liefern.[72]

Bevor das BilMoG in Kraft getreten war, waren Bilanz und Gewinn- und Verlustrechnung mitunter derart von der Ausübung bilanzpolitischer Wahlrechte und der Anwendung steuerlicher Regelungen und Sonderregelungen verzerrt, dass erst eine umfangreiche Überleitung vor der eigentlichen Analyse erforderlich war. Durch das BilMoG wird die Anzahl solcher Wahlrechte und Sonderregelungen erheblich eingeschränkt, so dass die vor der Bilanzanalyse erforderlichen Bereinigungen am Jahresabschluss vereinfacht werden. Dazu wird exemplarisch ein Beispiel genannt, um den Rahmen dieser Arbeit nicht überzustrapazieren:

- Infolge des Wegfalls der Verzerrung handelsbilanzieller Werte durch die so genannte steuerliche Maßgeblichkeit werden zukünftig Bereinigungen um steuerliche Verzerrungen unnötig.[73]

[72] Vgl. Groll, Karl-Heinz: Das Kennzahlensystem zur Bilanzanalyse, 2. Aufl., München 2004, S. 4-5.
[73] Vgl. § 247 Abs. 3 HGB und dazu auch § 273 HGB.

Die Bilanzanalyse gewinnt ihre Erkenntnisse, indem das zur Verfügung stehende Datenmaterial aufbereitet, gruppiert, zu Kennzahlen verdichtet und abschließend interpretiert wird. Die verschiedenen Phasen der Bilanzanalyse zeigt die nachfolgende Abbildung:

Abb. 7: Die Phasen der Bilanzanalyse

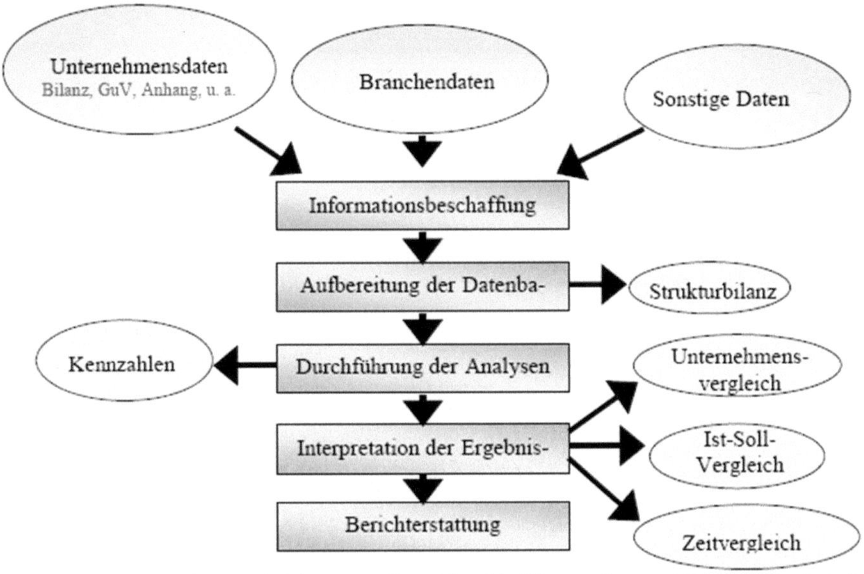

Quelle: Eigene Darstellung in Anlehnung an Peemöller, V.: Bilanzanalyse und Bilanzpolitik, 3. Aufl., Wiesbaden 2003, S. 206-210.

Die Bilanzanalyse verschafft einen vertiefen Einblick in die Vermögens- und Ertragslage des betrachteten Betriebs. Ihr Ziel ist es Entwicklungstendenzen, insbesondere Fehlentwicklungen und Auffälligkeiten kenntlich zu machen.

3.4.1 Bedeutende Kennzahlen der Vermögensstruktur

Im Mittelpunkt der Vermögensstrukturanalyse stehen Art und Zusammensetzung des Vermögens und dessen Bindungsdauer. Es besteht ein enger Zusammenhang zwischen Kapital- und Vermögensstruktur, da das im Betrieb vorhandene Kapital in Vermögen investiert wird. Die Vermögensstrukturanalyse trägt daher auch den Namen Investitionsanalyse. Als Rechenbasis dienen die einzelnen Positionen der Aktivseite der Strukturbilanz.[74]

[74] Vgl. Küting, K.; Weber, C.-P.: Die Bilanzanalyse, 8. Aufl., Stuttgart 2009, S. 121; Vgl. dazu auch Wöhe, G.: Bilanzierung und Bilanzpolitik, 9. Aufl., München 1997, S. 814-818.

Eine der wichtigsten Kennzahlen der Vermögensstrukturanalyse ist die Anlageintensität:[75]

$$\text{Anlageintensität} = \frac{\text{Anlagevermögen}}{\text{Gesamtvermögen}} * 100$$

Die Kennzahl Anlageintensität beschreibt das Verhältnis zwischen Anlagevermögen und Gesamtvermögen. Über das Anlagevermögen können Rückschlüsse auf die Kostenstruktur gezogen werden, da es meistens langfristig für das Unternehmen bestimmt bzw. gebunden ist und daher eine langfristige Kapitalbindung erwarten lässt. Die Anlageintensität vermittelt einen Eindruck über die Anpassungsfähigkeit des Unternehmens. Eine langfristige Kapitalbindung des Anlagevermögens, ist mit hohen Fixkosten verbunden. Gehen die Einzahlungen und Erträge z.B. auf Grund einer konjunkturbedingten Krise zurück, bleiben die Auszahlungen und Aufwendungen dennoch bestehen. Daher drohen einerseits Verluste und andererseits Liquiditätsengpässe. Je niedriger der Anteil des Anlagevermögens ist, desto flexibler kann der Betrieb auf positive oder negative Konjunkturschwankungen reagieren.[76]

Die Umlaufintensität macht eine ähnliche Aussage über die Flexibilität des Unternehmens wie die Anlageintensität:[77]

$$\text{Umlaufintensität} = \frac{\text{Umlaufvermögen}}{\text{Gesamtvermögen}} * 100$$

Eine hohe Umlaufintensität ermöglicht schnelle Reaktionen auf Beschäftigungs- und Konjunkturveränderungen. Sie deutet auf eine effektive Nutzung vorhandener Kapazitäten hin und ist mit steigenden Vorräten, Forderungen und daraus resultierenden Umsatzerhöhungen verbunden. Eine Zunahme der Vorräte sowie

[75] Vgl. Küting, K.; Weber, C.-P.: Die Bilanzanalyse, 8. Aufl., Stuttgart 2009, S. 122; Vgl. dazu auch Wöhe, G.: Bilanzierung und Bilanzpolitik, 9. Aufl., München 1997, S. 818.
[76] Vgl. Wöhe, G.: Bilanzierung und Bilanzpolitik, 9. Aufl., München 1997, S. 818.
[77] Vgl. Küting, K.; Weber, C.-P.: Die Bilanzanalyse, 8. Aufl., Stuttgart 2009, S. 122.

Fertigung auf Lager tragen zur Steigerung dieser Kennzahl bei, die Just-in-Time-Produktion hingegen zu deren Senkung.[78]

- **Analyse des Anlagevermögens**

Bei der Analyse des Anlagevermögens werden in zweifacher Hinsicht Aufschlüsse über den Vermögensaufbau einer Unternehmung erwartet. Zum einen ist die Qualität des Anlagevermögens von Interesse, welche insbesondere durch das Alter des Anlagevermögens beurteilt wird. Zum anderen ist die Fortentwicklung des Anlagevermögens durch Erweiterungs- bzw. Ersatzinvestitionen von Interesse, da eine Abnahme der Sachanlagenbilanzposition im Zeitverlauf einen künftigen Investitionsaufwand zum Ausdruck bringen kann. Aufschluss über das zuvor genannte geben zumindest ansatzweise folgende Kennzahlen:[79]

-	Anlagenabnutzungsgrad	=	kumulierte Abschreibungen / Anlagevermögen zu historischen AHK
-	Investitionsquote	=	Nettoinvestitionen / Anlagevermögen zu historischen AHK
-	Wachstumsquote	=	Nettoinvestitionen / Jahresabschreibungen auf Sachanlagen
-	Abschreibungsquote	=	Jahresabschreibungen auf Sachanlagen / Anlagevermögen zu historischen AHK

- **Analyse des Umlaufvermögens**

Im Rahmen der vertikalen Vermögensstrukturanalyse sollte die Forderungsstruktur und deren zeitliche Entwicklung analysiert werden. Diese lässt sich mit Hilfe der Kennzahl des Kundenziels ermitteln, die wie folgt lautet:[80]

Kundenziel = (durchschnittlicher Bestand an Forderungen / Umsatzerlöse) x 365

Eine Verschlechterung dieser Kennzahl bringt meistens eine schlechte Zahlungsmoral der Kunden bzw. eine schlechte Bonität der Kunden zum Ausdruck.

[78] Vgl. Wöhe, G.: Bilanzierung und Bilanzpolitik, 9. Aufl., München 1997, S. 817ff..
[79] Vgl. Küting, K.; Weber, C.-P.: Die Bilanzanalyse, 8. Aufl., Stuttgart 2009, S. 124-125.
[80] Vgl. Küting, K.; Weber, C.-P.: Die Bilanzanalyse, 8. Aufl., Stuttgart 2009, S. 128.

Bei eintretenden Liquiditätsengpässen der Unternehmung ist es daher eher als unwahrscheinlich anzusehen, dass dies mittels Maßnahmen zur Verkürzung des Zahlungsziels bzw. zur Intensivierung des Einzahlungsstroms verbessert werden kann.[81]

Um Informationen über die Dauer der Kapitalbindung des im Vorratsvermögen investierten Kapitals zu erhalten, vermittelt folgende Kennzahl:[82]

$$\textit{Umschlagsdauer des Vorratsvermögens} = \frac{\textit{durchschnittlicher Bestand an Vorräten}}{\textit{Umsatzerlöse}} \times 365$$

Diese Kennzahl bringt zum Ausdruck, inwieweit ein Unternehmen in der Lage ist, um Liquiditätsanspannungen mittels des laufenden Umsatzprozesses zu mildern. Des Weiteren liefert diese Kennzahl auch das zukünftige Erfolgserzielungsvermögen des Unternehmens.

3.4.2 Bedeutende Kennziffern der Kapitalstruktur

Für die Beurteilung der finanziellen Lage spielt die Analyse der Kapitalstruktur eine zentrale Rolle. Daher ist diese auch unter dem Begriff Finanzierungsanalyse bekannt. Ihre Aufgabe ist es, Erkenntnisse über Quellen und Zusammensetzung des Kapitals nach Art, Sicherheit und Fristigkeit zu erlangen, um schließlich Aussagen über das finanzielle Risiko der Unternehmung treffen zu können.
Hierbei sind ausschließlich die auf der Passivseite ausgewiesenen Kapitalposten von Bedeutung. Eine relevante Kennzahl in diesem Zusammenhang stellt die Eigenkapitalquote dar:[83]

$$\text{Eigenkapitalquote} = \frac{\text{Eigenkapital}}{\text{Gesamtkapital}} * 100$$

Eigenkapital steht dem Unternehmen langfristig und unkündbar zur Verfügung.

[81] Vgl. Küting, K.; Weber, C.-P.: Die Bilanzanalyse, 8. Aufl., Stuttgart 2009, S. 128.
[82] Vgl. Küting, K.; Weber, C.-P.: Die Bilanzanalyse, 8. Aufl., Stuttgart 2009, S. 130.
[83] Vgl. Küting, K.; Weber, C.-P.: Die Bilanzanalyse, 8. Aufl., Stuttgart 2009, S. 133-134; Vgl. dazu auch Wöhe, G.: Bilanzierung und Bilanzpolitik, 9. Aufl., München 1997, S. 815.

Eine hohe Eigenkapitalquote ermöglicht somit finanzielle Unabhängigkeit und verschafft wirtschaftliche Stabilität. Letztlich gilt die Eigenkapitalquote auch als Maßgröße für die Fähigkeit, um Risiken aufzufangen.[84] Eine Erhöhung des Eigenkapitals, beispielsweise durch die Ausgabe junger Aktien, hat eine Verbesserung der Eigenkapitalquote zur Folge und dämpft die Gefahr einer Überschuldung.[85]

Analog zur Eigenkapitalquote berechnet man die Fremdkapitalquote:[86]

$$\text{Fremdkapitalquote} = \frac{\text{Fremdkapital}}{\text{Gesamtkapital}} * 100$$

Eine zu hohe Fremdkapitalquote belastet das Unternehmen. Sie schränkt seine Selbstständigkeit ein, beeinflusst Bonitätsbeurteilungen negativ und beeinträchtigt damit das Verhalten potentieller Kreditgeber sowie Lieferanten. Wenn der Anteil der langfristigen Fremdmittel am gesamten Fremdkapital jedoch hoch ist, kann man trotzdem von einer relativ sicheren Finanzierung sprechen.[87]

Der statische Verschuldungsgrad ist eine weitere Kennzahl zur Analyse der Finanzierung des betrachteten Unternehmens:[88]

$$\text{statischer Verschuldungsgrad} = \frac{\text{Fremdkapital}}{\text{Eigenkapital}} * 100$$

Ein optimales Verhältnis von Fremd- zu Eigenkapital ist schwer zu bestimmen.

---

[84] Vgl. Krause, H.-U.;Arora, D.: Controlling-Kennzahlen Key Performance Indicators, 2. Aufl., München 2010, S. 98.
[85] Vgl. Wöhe, G.: Bilanzierung und Bilanzpolitik, 9. Aufl., München 1997, S. 819.
[86] Vgl. Küting, K.; Weber, C.-P.: Die Bilanzanalyse, 8. Aufl., Stuttgart 2009, S. 134; Vgl. dazu auch Wöhe, G.: Bilanzierung und Bilanzpolitik, 9. Aufl., München 1997, S. 815.
[87] Vgl. Küting, K.; Weber, C.-P.: Die Bilanzanalyse, 8. Aufl., Stuttgart 2009, S. 134-135.
[88] Vgl. Krause, H.-U.;Arora, D.: Controlling-Kennzahlen Key Performance Indicators, 2. Aufl., München 2010, S. 65.

Der statische Verschuldungsgrad gibt darüber Auskunft, in welchem Verhältnis das Unternehmen mit Fremdkapital und Eigenkapital finanziert ist. Da der statische Verschuldungsgrad direkt von der Eigenkapitalquote abhängt, sinkt dieser, wenn die Eigenkapitalquote steigt. Der Verschuldungsgrad veranschaulicht damit das Insolvenzrisiko und stellt „einen wesentlichen Baustein für die Bonitätsermittlung durch Banken und Rating-Agenturen dar."[89]

3.4.3 Die horizontale Bilanzstruktur - Liquiditätsanalyse

Die Analyse der horizontalen Bilanzstruktur stellt einen Zusammenhang zwischen der Kapitalstruktur (Finanzierungsanalyse) und der Vermögensstruktur (Investitionsanalyse) her. Indem Aktiv- und Passivposten zueinander in Beziehung gesetzt werden, trifft die Liquiditätsanalyse Aussagen über die zukünftige Zahlungsfähigkeit und die finanzielle Stabilität des Unternehmens. Ihren Mittelpunkt bildet der Grundsatz der Fristenkongruenz. Dieser fordert, dass die einzelnen Vermögensgegenstände jeweils mit solchen Mitteln finanziert werden sollen, die genauso lange zur Verfügung stehen, wie das Kapital in den Vermögensteilen gebunden ist. Daraus folgt, dass die langfristigen Aktivposten auch dauerhaft finanziert werden müssen. Anhand der verschiedenen Deckungsgrade kann man die Einhaltung dieser Regel überprüfen:[90]

$$\text{Deckungsgrad A} = \frac{\text{Eigenkapital}}{\text{Anlagevermögen}} * 100$$

Der Deckungsgrad A bedeutet, inwieweit das Anlagevermögen durch Eigenkapital gedeckt ist, um jederzeit eine fristenkongruente Finanzierung sicher zustellen. Darüber hinaus signalisiert diese Zahl die Kreditwürdigkeit des Betriebs.

[89] Krause, H.-U.;Arora, D.: Controlling-Kennzahlen Key Performance Indicators, 2. Aufl., München 2010, S. 66.

[90] Vgl. Küting, K.; Weber, C.-P.: Die Bilanzanalyse, 8. Aufl., Stuttgart 2009, S. 147; Vgl. dazu auch Krause, H.-U.;Arora, D.: Controlling-Kennzahlen Key Performance Indicators, 2. Aufl., München 2010, S. 93.

$$\text{Deckungsgrad B} = \frac{\text{Eigenkapital} + \text{langfristiges Fremdkapital}}{\text{Anlagevermögen}} * 100$$

Man erhält den Deckungsgrad B[91], indem der Zähler des Deckungsgrades A um das langfristige Fremdkapital erweitert wird, denn dieses besitzt eigenkapitalähnlichen Charakter. Natürlich sollte auch hier der Wert der Kennzahl über 100 % liegen. Ein Deckungsgrad B unterhalb von 100% bedeutet, dass Teile des Anlagevermögens nur kurzfristig finanziert sind und daher Liquiditätsengpässe oder Rentabilitätsprobleme entstehen können. Ein Wert über 100% bedeutet, dass dem Unternehmen langfristiges Kapital zur Deckung des langfristig gebundenen Umlaufvermögens zur Verfügung steht, z. B. eines eisernen Bestands an Vorräten.[92] Die bereits erläuterten Deckungsgrade betreffen lediglich den langfristigen Bereich der horizontalen Bilanzstrukturanalyse. Um dem Grundsatz der Fristenkongruenz näher zu kommen, bedarf es zusätzlich einer Betrachtung des kurzfristigen Liquiditätsbereiches. In der Praxis finden dazu die folgenden Liquiditätsgrade Anwendung:[93]

$$\text{Liquidität 1.Grades} = \frac{\text{liquide Mittel}}{\text{kurzfristiges Fremdkapital}} * 100$$

Die Liquidität 1. Grades macht eine Aussage darüber, inwieweit ein Betrieb in der Lage ist, seinen kurzfristigen Zahlungsverpflichtungen fristgerecht nachzukommen. Allerdings wird dabei vernachlässigt, dass der Betrieb jederzeit und nicht nur am Bilanzstichtag liquide sein sollte. Eine allgemeine Norm bezüglich des optimalen Wertes gibt es nicht. Eine zu hohe Liquidität ist genauso wenig anzustreben, wie eine zu geringe, da das Kapital in liquider Form kaum Erträge bringt und damit die Rentabilität schmälert.[94]

---

[91] Vgl. Krause, H.-U.;Arora, D.: Controlling-Kennzahlen Key Performance Indicators, 2. Aufl., München 2010, S. 94.
[92] Vgl. Krause, H.-U.;Arora, D.: Controlling-Kennzahlen Key Performance Indicators, 2. Aufl., München 2010, S. 95.
[93] Vgl. Küting, K.; Weber, C.-P.: Die Bilanzanalyse, 8. Aufl., Stuttgart 2009, S. 151; Vgl. dazu auch Wöhe, G.: Bilanzierung und Bilanzpolitik, 9. Aufl., München 1997, S. 834.
[94] Vgl. Wöhe, G.: Bilanzierung und Bilanzpolitik, 9. Aufl., München 1997, S. 834.

$$\text{Liquidität 2.Grades} = \frac{\text{monetäres Umlaufvermögen}}{\text{kurzfristiges Fremdkapital}} * 100$$

Bei der Berechnung der Liquidität 2. Grades bezieht man alle flüssigen oder leicht liquidierbaren Bestandteile des Umlaufvermögens mit ein. Ein Beurteilungskriterium für diese Kennzahl formuliert die goldene Finanzierungsregel.
Sie besagt, dass das kurzfristige Kapital mindestens das kurzfristige Vermögen decken muss. Folglich sollte der Wert über 100 % liegen.[95]

$$\text{Liquidität 3.Grades} = \frac{\text{Umlaufvermögen}}{\text{kurzfristiges Fremdkapital}} * 100$$

Das komplette bilanzanalytische Umlaufvermögen inklusive der Vorräte wird bei der Liquidität 3. Grades berücksichtigt. Diese entspricht der Liquidität auf mittlere Sicht, da die Vorräte als mittelfristig liquidierbar anzusehen sind. Andererseits gefährdet eine Liquidation der Vorräte die laufende Geschäftstätigkeit und sollte vom Unternehmen aus diesem Grunde nur im Notfall angewandt werden.[96]

Das Working Capital macht über Finanzkraft und Ertragskraft ähnliche Aussagen wie bereits die Liquidität 3. Grades:[97]

$$\textbf{Working Capital} = \textbf{Umlaufvermögen} - \textbf{kurzfristiges Fremdkapital}$$

Es entspricht dem Teil des Umlaufvermögens, der langfristig finanziert ist. Befindet sich das Working Capital im negativen Bereich, bedeutet dies, dass langfristiges Vermögen kurzfristig finanziert ist. Dann würde der Fristenkongruenz nicht

---

[95] Vgl. Hessen, B.; Gruber, W.: Bilanzanalyse und Kennzahlen, 2. Aufl., Wiesbaden 2009, S. 143.

[96] Vgl. Hessen, B.; Gruber, W.: Bilanzanalyse und Kennzahlen, 2. Aufl., Wiesbaden 2009, S. 144-145.

[97] Vgl. Krause, H.-U.;Arora, D.: Controlling-Kennzahlen Key Performance Indicators, 2. Aufl., München 2010, S. 63.

entsprochen werden. Entsprechend drückt ein hohes Working Capital ein geringes zukünftiges finanzielles Risiko aus. Als absolute Größe kann sie aber nur unzureichende Vergleiche zwischen Betrieben ermöglichen und wird daher im weiteren Verlauf dieser Arbeit nicht mehr berücksichtigt.

In nachfolgender Abbildung ist der Zusammenhang zwischen den eben beschriebenen Kennzahlen und der Bilanz veranschaulicht:

Abb. 8: Kennzahlenbildung in der Strukturbilanz

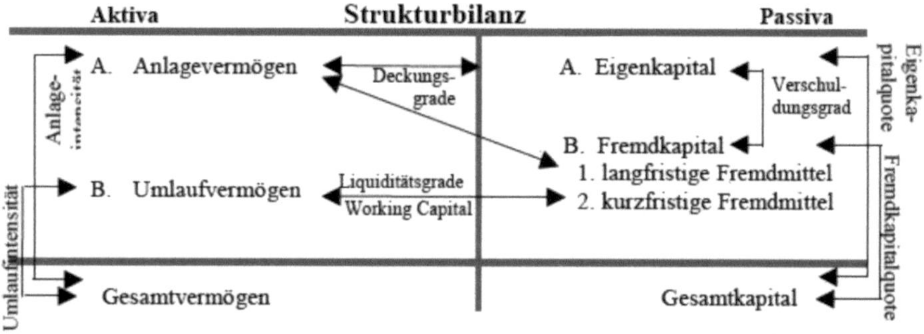

Quelle: Eigene Darstellung.

3.4.4 Kennzahlen zur Rentabilitätsanalyse

Bei der Rentabilitätsanalyse wird eine Ergebnisgröße in Realisation zu einer für dieses Ergebnis maßgeblichen Einflussgröße dargestellt. Die so ermittelte Realisation drückt damit eine wertmäßige Ergiebigkeit (Effizienz) der Bezugsgröße aus. Es sollen Aussagen über den Erfolg des unternehmerischen Handelns und die Fähigkeit des Unternehmens, mit den eingesetzten Ressourcen Erfolg zu erzielen, getroffen werden. Dabei kann die Rentabilitätsanalyse auf der Basis einer einzelnen Rentabilitätskennzahl oder aber auch eines gesamten Kennzahlensystems aufgebaut werden. In der überwiegenden Anzahl der in der Literatur anzutreffenden Kennzahlensysteme steht an der Spitze der Kennzahlenpyramide eine Rentabilitätskennzahl. Somit stellt das Rentabilitätskennzahlensystem den Inbegriff eines Kennzahlensystems dar, wie in Punkt 3.3 ausführlich beschrieben.[98]

[98] Vgl. Küting, K.; Weber, C.-P.: Die Bilanzanalyse, 8. Aufl., Stuttgart 2009, S. 299-303.

Die am häufigsten verwendeten Kennzahlen sind:[99]

$$\text{Gesamtkapitalrentabilität} = \frac{\text{Jahresüberschuss / Jahresfehlbetrag + FK-Zinsen}}{\text{Gesamtkapital}} \times 100$$

$$\text{Eigenkapitalrentabilität} = \frac{\text{Jahresüberschuss / Jahresfehlbetrag}}{\text{Eigenkapital}} \times 100$$

$$\text{Umsatzrentabilität} = \frac{\text{Jahresüberschuss / Jahresfehlbetrag}}{\text{Umsatzerlöse}} \times 100$$

Die Umsatzrentabilität verdeutlicht, wie viel Gewinn das betrachtete Unternehmen pro Geldeinheit des Umsatzes erwirtschaftete bzw. wie viel Prozent des Umsatzes dem Unternehmen als Gewinn verbleiben. Der betriebswirtschaftliche Aussagewert kann dabei direkt als Nach-Steuer-Größe aus den Daten des Jahresabschlusses ermittelt werden, indem der Jahresüberschuss als Gewinngröße eingesetzt wird. Als Maß für Rentabilitätsvergleiche zu anderen Unternehmen, eignet sich der EBIT, welcher die operative Ertragskraft repräsentiert, besonders gut.[100]

Die Eigenkapitalrentabilität spiegelt die Verzinsung der von den Gesellschaftern bzw. Aktionären zur Verfügung gestellten Eigenmittel wieder. Die Gesamtkapitalrentabilität verdeutlicht die Verzinsung des von den Eigen- und Fremdkapitalgebern zur Verfügung gestellten Kapitals. Dabei hängt die Höhe der Eigenkapitalrentabilität von der Gesamtkapitalrentabilität, der Zinsbelastung des Fremdkapitals und dem Verschuldungsgrad ab. Zur Veranschaulichung verdeutlicht dies folgende Gleichung:[101]

$$\text{Eigenkapitalrentabilität} = \text{Gesamtkapitalrentabilität} + (\text{Gesamtkapitalrentabilität} - \text{Fremdkapitalzins}) \times \frac{\text{Fremdkapital}}{\text{Eigenkapital}}$$

Als Indikator für die Ertragskraft eines Unternehmens erfährt die Rentabilität eine entscheidende Bedeutung im Rahmen einer Bilanz- und Erfolgsanalyse. Es lassen sich noch zahlreiche weitere Rentabilitätskennzahlen berechnen, doch die

[99] Vgl. Küting, K.; Weber, C.-P.: Die Bilanzanalyse, 8. Aufl., Stuttgart 2009, S. 305-315; Vgl. dazu auch Krause, H.-U.;Arora, D.: Controlling-Kennzahlen Key Performance Indicators, 2. Aufl., München 2010, S. 37-42.

[100] Vgl. Krause, H.-U.;Arora, D.: Controlling-Kennzahlen Key Performance Indicators, 2. Aufl., München 2010, S. 37-38.

[101] Vgl. Wöhe, G.: Bilanzierung und Bilanzpolitik, 9. Aufl., München 1997, S. 814-821; Vgl. dazu auch Küting, K.; Weber, C.-P.: Die Bilanzanalyse, 8. Aufl., Stuttgart 2009, S. 316.

„bedeutendsten Kennzahlen der Rentabilitätsanalyse sind die Kapitalrentabilität als Maßstab für die Verzinsung des investierten Kapitals in ihren Ausprägungsformen der Gesamt- und Eigenkapitalrentabilität sowie die Umsatzrentabilität.“[102]

[102] Küting, K.; Weber, C.-P.: Die Bilanzanalyse, 8. Aufl., Stuttgart 2009, S. 317.

4. Spezifische Auswirkungen der Neuerungen durch das BilMoG auf die Bilanzkennzahlen

4.1 Auswirkungen des BilMoG auf die Vermögens- und Finanzlage im Einzelabschluss

4.1.1 Analyse der vertikalen Bilanzstruktur

❖ *Die folgenden Änderungen durch das BilMoG führen tendenziell zu einer Zunahme des Anlagevermögens:*

- **Ein entgeltlich erworbener Geschäfts- oder Firmenwert (§ 246 HGB).**
- **Selbst erstellte immaterielle Vermögensgegenstände des Anlagevermögens (§ 255 i.V.m. § 268 HGB).**
- **Die Bewertung selbst erstellter Anlagegüter (§ 255 Abs. 2 HGB).**
- **Abschreibungen rein aufgrund vernünftiger kaufmännischer Beurteilung (§ 253 Abs. 4 HGB a. F.).**
- **Außerplanmäßige Abschreibungen (§ 253 Abs. 3 und 5 HGB).**
- **Die rein auf steuerrechtlichen Vorschriften basierende Abschreibungen bzw. Wertansätze (§§ 254, 279 HGB a. F.).**

➢ **Auswirkungen auf die Bilanzanalyse bzw. Bilanzkennzahlen:**

Alle Neuerungen durch das BilMoG, welche das Anlagevermögen betreffen, bewirken eine Erhöhung des Buchwerts des Anlagevermögens. Die Aktivierungspflicht für den entgeltlich erworbenen Geschäfts- und Firmenwert und die Entwicklungskosten, die Aufstockung der Mindestbestandteile der Herstellungskosten und der Wegfall der Möglichkeit zur Übertragung stiller Reserven bewirken eine Erhöhung der Anlagenintensität und tendenziell der Eigenkapitalquote im Geschäftsjahr der Aktivierung.

Die Streichung der zuvor genannten Abschreibungsmöglichkeiten führen zu einer Erhöhung der Anlagenintensität und tendenziell der Eigenkapitalquote durch den anfänglich geringeren Abschreibungsaufwand. Die bisher mögliche Legung stiller Reserven im Anlagevermögen hatte eine Gewinnverschiebung in zukünftige

Perioden zur Folge, so dass dieser Effekt erst nach der Vollabschreibung bzw. nach Abgang des Anlageguts neutralisiert wurde.

Mit der Abschaffung der Möglichkeit zur Aktivierung von Aufwendungen für die Ingangsetzung und Erweiterung des Geschäftsbetriebs nach § 269 HGB a. F. sind derartige Aufwendungen zukünftig sofort im Jahr des Anfalls ergebniswirksam zu erfassen. Dies bewirkt den bilanzanalytischen Effekt, dass die vorgeschriebene sofortige Aufwandserfassung über den Zeitraum, über den ein nach altem Recht aktivierter Betrag abgeschrieben wurde, das Gesamtvermögen, die Anlagenintensität und die Eigenkapitalquote mindert.

Exemplarisch veranschaulicht nachfolgend ein Beispiel die Auswirkung der Neuerungen durch das BilMoG bei der Bilanzierung:

Bsp. 1.: Verbot für außerplanmäßige Abschreibung bei nur vorübergehender Wertminderung im Anlagevermögen.

Ein Kaufmann hat folgende vorläufige Bilanz zum 31.12.2010:

Aktiva	**Vorläufige Bilanz zum 31.12.2010**	Passiva
Grund und Boden	100.000€	
Beteiligungen	150.000€	

In den Vorjahren wurden folgende außerplanmäßige Abschreibungen wegen vorübergehender Wertminderung vorgenommen:

Grund und Boden	60.000€
Beteiligungen	80.000€

Wie ist nun nach BilMoG zum 31.12.2010 zu bilanzieren?

Aktiva	**Bilanz zum 31.12.2010**	Passiva
Grund und Boden	160.000€	
Beteiligungen	150.000€	

GuV 2010

außerordentlicher Ertrag	60.000€

In der Bilanz ist eine Zuschreibung beim Grund und Boden vorzunehmen. Bei der Beteiligung besteht ein Wahlrecht.[103]

In der GuV ist der Ertrag aus der Anwendung des neuen HGB gesondert unter dem Posten außerordentliche Erträge auszuweisen.[104]

❖ *Folgende Neuerungen im Bereich der Vorräte sowie der übrigen Vermögensgegenstände des Umlaufvermögens werden zu einer Veränderung des Bilanzbildes führen:*

- **Die Bewertung selbst erstellter Vermögensgegenstände des Vorratsvermögens (§ 255 Abs. 2 HGB).**
- **Die Abschaffung der Verbrauchsfolgefiktion „...oder in einer anderen bestimmten Folge..." (§ 256 S. 1 HGB a. F.).**
- **Die Streichung des Wahlrechts zur Vornahme von Abschreibungen zur Vorwegnahme künftiger Wertschwankungen (§ 253 Abs. 3 S. 3 HGB a. F.).**
- **Erworbene Finanzinstrumente, die zukünftig mit ihren beizulegenden Zeitwerten anzusetzen sind (§ 253 Abs. 1 S. 3 HGB).**
- **Die Bildung von Bewertungseinheiten von Grund- und Sicherungsgeschäften (§ 254 HGB).**
- **Die Streichung der bisherigen Wahlrechte zum Ausweis von als Aufwand berücksichtigten Zöllen und Verbrauchssteuern, sowie berücksichtigter Umsatzsteuer auf Anzahlungen (§ 250 Abs. 1 S. 2 HGB a. F.).**

➢ **Auswirkungen auf die Bilanzanalyse bzw. Bilanzkennzahlen:**

Die zuerst genannte Neuerung führt zu einem Anstieg des Buchwerts der Vorräte, wenn die Unternehmen ihre Vorräte zu Einzelkosten bewertet haben. Je nach Anwendung des Gesamtkosten- bzw. Umsatzkostenverfahrens vermindert die Aktivierung von Gemeinkosten den Materialaufwand bzw. die Herstellungskosten. Folglich steigt die Umschlagsdauer der Vorräte und könnte fälschlicherweise zu der Vermutung führen, dass eine Verbesserung der Verwertbarkeit des Vorrats-

[103] Vgl. § 252 Abs. 3 Satz 4 HGB i.V.m. Art. 66 Abs. 3 S. 1 EGHGB.
[104] Vgl. § Art. 67 Abs. 7 i.V.m. § Art. 66 Abs. 3 S. 1 EGHGB.

vermögens eingetreten ist. Dies ist jedoch bei unveränderter Geschäftstätigkeit ein einmaliger Umstellungseffekt.[105]

Von der Abschaffung der Verbrauchsfolgefiktion sind keine nennenswerten Auswirkungen auf das Bild der Vermögenslage zu erwarten. Durch die dritte genannte Neuerung wird die Möglichkeit zur Legung und Auflösung stiller Reserven im Vorratsvermögen beseitigt.

Die Verkehrsbewertung von Finanzinstrumenten bewirkt tendenziell eine Erhöhung des Umlaufvermögens, der Umlaufintensität und der Eigenkapitalquote. Die Regelungen zu den Sicherungsgeschäften bewirken hingegen eine tendenzielle Senkung der sonstigen Rückstellungen, des kurzfristigen Fremdkapitals und eine Erhöhung der Eigenkapitalquote. Der Wegfall der zuletzt genannten Wahlrechte zur Behandlung der Zölle, Verbrauchssteuern und Umsatzsteuer hat keinen Einfluss auf die Bilanzsumme und die Eigenkapitalquote, da ein faktisches Wahlrecht zum Ausweis der Zölle und Verbrauchssteuern als Bestandteil des Vorratsvermögens oder im Rechnungsabgrenzungsposten bestand. Bei den o.g. Anzahlungen entfallenen Umsatzsteuer bestand ein Wahlrecht zum Netto- oder Bruttoausweis der erhaltenen Anzahlungen.

Exemplarisch veranschaulicht nachfolgend ein Beispiel die Auswirkung der Neuerungen durch das BilMoG bei der Bilanzierung:

Bsp. 2.: Verbot von Wertschwankungsabschreibungen im Umlaufvermögen.

Fall Nr. 1:

Der Kaufmann Anton hat im Geschäftsjahr 2007 Rohstoffe für 100€ eingekauft. Im Geschäftsjahr 2008 nimmt er eine Wertschwankungsreserve von 30€ vor. Der niedrigere Wert wird im Geschäftsjahr 2009 fortgeführt.

a) Anton möchte den Wert auch in 2010 fortführen.
b) Anton möchte in 2010 eine Zuschreibung vornehmen.

[105] Vgl. ICV-Facharbeiterkreis „Controlling und IFRS"(Hrsg.): BilMoG und Controlling, 1. Aufl. 2009, S. 157.

Wie kann Anton nun nach BilMoG zum 31.12.2010 bilanzieren?

a)

Aktiva	**Bilanz zum 31.12.2010**		Passiva
Rohstoffe	70€	Jahresüberschuss	0€

Anton kann den Wert fortführen.[106]

b)

Aktiva	**Bilanz zum 31.12.2010**		Passiva
Rohstoffe	100€	Gewinnrücklage	30€
		Jahresüberschuss	0€

Anton kann zuschreiben, allerdings muss er dann den Wert aus der Zuschreibung unmittelbar, also ohne Berührung der GuV, in die Gewinnrücklage einstellen.[107]

Fall Nr. 2:

Auch die Master OHG hat im Geschäftsjahr 2008 Rohstoffe für 100€ eingekauft. Im Geschäftsjahr 2009 nimmt sie eine Wertschwankungsabschreibung von 30€ vor.

a) Die Master OHG möchte den Wert auch in 2010 fortführen.
b) Die Master OHG möchte in 2010 eine Zuschreibung vornehmen.

Wie ist nun nach BilMoG zum 31.12.2010 zu bilanzieren?

a)

Aktiva	**Bilanz zum 31.12.2010**		Passiva
Rohstoffe	70€	Jahresüberschuss	0€

Die Master OHG kann den Wert fortführen.[108]

b)

Aktiva	**Bilanz zum 31.12.2010**		Passiva
Rohstoffe	100€	Jahresüberschuss	30€

GuV 2010	
außerordentlicher Ertrag	30€

[106] Vgl. § Art. 67 Abs. 4 S. 1 EGHGB.
[107] Vgl. § Art. 67 Abs. 4 S. 2 EGHGB.
[108] Vgl. § Art. 67 Abs. 4 S. 1 EGHGB.

Die Master OHG muss den Wert aus der Zuschreibung im Jahresergebnis ausweisen.[109]

❖ *Im Bereich der Rückstellungen können folgende Neuerungen zu einer Veränderung des Bilanzbildes führen:*

- **Rückstellungen für unterlassene Instandhaltungen (§ 249 Abs. 1 S. 3 HGB a. F.).**
- **Die Bewertung zum Erfüllungsbetrag von Pensionsrückstellungen und deren Abzinsung zum geglätteten Marktzins (§ 253 Abs. 1 und 2 HGB).**
- **Das Saldierungsgebot von Vermögensgegenständen, die ausschließlich zur Erfüllung von Schulden aus Altersversorgungsverpflichtungen eingegangen wurden, mit den korrespondierenden Verbindlichkeiten (§ 246 Abs. 2 HGB).**
- **Die Abzinsung langfristiger Rückstellungen (§ 253 Abs. 1 und 2 HGB).**
- **Die Umrechnung von auf fremde Währung lautenden Vermögensgegenständen und Verbindlichkeiten (§ 256 a HGB).**
- **Der nun gesetzlich normierte Grundsatz der wirtschaftlichen Zurechnung (§ 246 Abs. 1 S.1 und 2 HGB).**

➢ **Auswirkungen auf die Bilanzanalyse bzw. Bilanzkennzahlen:**

Die zuerst genannte Neuregelung verhindert die Vorverlagerung künftiger Aufwendungen in frühere Geschäftsjahre, mit der Folge, dass dies zu einer temporären Erhöhung der Eigenkapitalsquote bis zum tatsächlichen Anfall der Aufwendungen führt.

Bei den Pensionsrückstellungen führte die Anwendung des steuerlichen Zinssatzes tendenziell zu einer höheren Abzinsung und damit zu einer geringeren Bewertung im Rechnungsabschluss. Infolge der Neuregelung durch BilMoG werden diese tendenziell ansteigen und die Eigenkapitalquote sinken. Dadurch wird es zu einer Zunahme des langfristigen Fremdkapitals kommen. Grundsätzlich können zukünftig Marktzinsschwankungen dazu führen, dass es von Bilanzstichtag zu Bilanzstichtag

[109] Vgl. § Art. 67 Abs. 4 S. 2 HS 2 EGHGB.

zu Schwankungen der Rückstellungshöhe und somit zu einer höheren Volatilität der Pensionsrückstellungen kommt.

Das Saldierungsgebot von Vermögensgegenständen mit Schulden aus Altersversorgungsverpflichtungen führt zu einer Verkürzung der Bilanzsumme, einer Reduzierung des langfristigen Fremdkapitals, einer Zunahme der Eigenkapitalsquote, dem Ausweis von unrealisierten Gewinnen und zu einer Ergebnisverlagerung aus späteren in nahe liegendere Geschäftsjahre.

Bei der wirtschaftlichen Zurechnung an einem Vermögensgegenstand sind auf Grund der gängigen Bilanzierungspraxis (z.B. steuerliche Leasingerlasse) keine nennenswerten Auswirkungen auf das Bild der Vermögens- und Finanzlage zu erwarten. Zusammenfassend führt der Großteil der Neuerungen zu einer Erhöhung der Aktiva oder einer Verminderung der Passiva, zur Verlängerung der Bilanzsumme und zum Ausweis eines höheren Eigenkapitals.

Exemplarisch veranschaulicht nachfolgend ein Beispiel die Auswirkung der Neuerungen durch das BilMoG bei der Bilanzierung:

Bsp. 3.: Saldierung von Vermögensgegenständen mit Schulden aus Altersversorgungsverpflichtungen.

Die Master-GmbH hat folgende vorläufige Bilanz zum 31.12.2010:

Aktiva	**Vorläufige Bilanz zum 31.12.2010**		Passiva
Wertpapiere des Anlagevermögens	400.000€	Pensionsrückstellungen	500.000€

Annahme: Die Wertpapiere des Anlagevermögens sind zur Deckung der Pensionsrückstellungen verpfändet. Somit haben die Gläubiger der Master-GmbH in einer Insolvenz keinen Zugriff auf diese Wertpapiere.

Der beizulegende Zeitwert der Wertpapiere beträgt

a) 460.000€

b) 560.000€

und die Pensionsrückstellungen sind mit dem Erfüllungsbetrag bewertet.

Wie ist nun nach BilMoG zum 31.12.2010 zu bilanzieren?

a)

Aktiva	**Bilanz zum 31.12.2010**	Passiva
	Pensionsrück- stellungen	40.000€

GuV 2010

außerordentlicher Ertrag	60.000€

Bei den Wertpapieren des Anlagevermögens und den Pensionsrückstellungen wurde eine Verrechnung vorgenommen. Aus diesem Grund wurden die Wertpapiere des Anlagevermögens neu bewertet und es ergab sich dabei ein außerordentlicher Ertrag von 60.000€ (Beizulegender Zeitwert 460.000€ - Buchwert 400.000€).
Bei der Verrechnung von den Wertpapieren des Anlagevermögens mit den Pensionsrückstellungen ergab sich dabei ein Betrag von 40.000€ (Erfüllungsbetrag Pensionsrückstellungen 500.000€ - Zeitwert Wertpapiere 460.000€).[110]

b)

Aktiva	**Bilanz zum 31.12.2010**	Passiva
Aktivischer Unterschiedsbetrag aus der Vermögensverrechnung 60.000€		

GuV 2010

außerordentlicher Ertrag	160.000€

Bei den Wertpapieren des Anlagevermögens und den Pensionsrückstellungen wurde eine Verrechnung vorgenommen. Aus diesem Grund wurden die Wertpapiere des Anlagevermögens neu bewertet und es ergab sich dabei ein außerordentlicher Ertrag von 160.000€ (Beizulegender Zeitwert 560.000€ - Buchwert 400.000€).
Bei der Verrechnung von den Wertpapieren des Anlagevermögens mit den Pensionsrückstellungen ergab sich dabei ein Betrag von 60.000€ (Zeitwert Wertpapiere 560.000€ - Erfüllungsbetrag Pensionsrückstellungen 500.000€).[111]

[110] Vgl. § 246 Abs. 2 Satz 2 HGB i.V.m. § Art. 67 Abs. 7 EGHGB.
[111] Vgl. § 246 Abs. 2 Satz 2 HGB i.V.m. § Art. 67 Abs. 7 EGHGB.

4.1.2 Analyse der horizontalen Bilanzstruktur

Im Folgenden werden die tendenziellen Auswirkungen der wesentlichen Änderungen durch das BilMoG auf die Größen: Eigenkapital, Anlagevermögen, Deckungsgrad A, monetäres Umlaufvermögen, kurzfristiges Fremdkapital und Liquidität 2. Grades tabellarisch aufgelistet. Ein + soll eine erwartete tendenzielle Erhöhung der Werts im Geschäftsjahr der Veränderung verdeutlichen, ein - dagegen eine Verminderung und ein = ein Gleichbleiben. Die farblich markierten Felder kennzeichnen u.a. auch die Auswirkungen durch das BilMoG aus dem Beispiel der Master-GmbH von Kapitel 4.3.

Änderungen durch das BilMoG auf:	Eigenkapital	Anlagevermögen	Deckungsgrad A	monet. UV	kurzfr. FK	Liquidität 2. Grades
Aktivierungspflicht für erworbene Geschäfts- oder Firmenwerte (§ 246 Abs1 S.4 HGB)	+	++	-	=	=	=
Berwertung von sog. Planvermögen zu Zeitwerten und Saldierung mit Pensionsrückstellungen (§§ 246 Abs.2 S.2; 253 Abs.1 S.4 HGB)	+	-	+	=	=	=
Aufhebung steuerlicher Verzerrungen in der Handelsbilanz (§§ 247 Abs.3, 273 HGB a.F.)	+	++	-	=	=	=
Aktivierungspflicht für Entwicklungskosten (§ 248 HGB a.F., § 255 Abs.2a HGB)	+	+	=	=	=	=
Passivierungsverbot für Aufwandsrückstellungen (§ 249 Abs.1 S.3, Abs.2 HGB a.F.)	+	=	+	=	-	+
Abschaffung von Ausweiswahlrechten im Zusammenhang mit dem Rechnungsabgrenzungsposten (§ 250 Abs.1 S.2 HGB a.F.)	=	=	=	=	=	=
Abzinsung von Pensionsrückstellungen mit vorgegebenem Zinssatz (§ 253 Abs.2 HGB)	-	=	-	=	=	=
Abzinsungspflicht für langfristige Rückstellungen (§ 253 Abs.2 HGB)	+	=	+	=	=	=
Pflicht zur Bewertung von mit Handelsabsicht erworbenen Finanzinstrumenten zum Zeitwert (§ 253 Abs.1 S.3 HGB)	+	=	+	+	=	+

Änderungen durch das BilMoG auf:	Eigenkapital	Anlagevermögen	Deckungsgrad A	monet. UV	kurzfr. FK	Liquidität 2. Grades
Verbot der außerplanmäßigen Abschreibung wegen voraussichtlich nicht dauerhafter Wertminderung bei immateriellen Vermögensgegenständen des Anlagevermögens und Sachanlagen (§ 253 Abs.2 S.3 HGB a.F.)	+	++	-	=	=	=
Streichung der Möglichkeit zur Geltendmachung von Abschreibungen wegen künftiger Wertschwankungen (§ 253 Abs.3 S.3 HGB a.F.)	+	=	+	=	=	=
Streichung der Möglichkeit zur Geltendmachung von Abschreibungen im Rahmen vernünftiger kaufmännischer Beurteilung (§ 253 Abs.4 HGB a.F.)	+	++	-	=	=	=
Zwang zur Zuschreibung nach Wegfall des Grundes für eine frühere außerplanmäßige Abschreibung (§ 253 Abs.5 HGB)	+	++	-	=	=	=
Kompensatorische Bewertung von Grund- und Sicherheitsgeschäft (§ 254 HGB)	= / +	=	= / +	= / +	=	= / +
Ergänzung der Mindestherstellungskosten um angemessene Teile der Materialgemeinkosten, Fertigungskosten und des Wertverzehrs des Anlagevermögens (§ 255 Abs.2 HGB)	+	=	+	=	=	=
Abschaffung bestimmter Verbrauchsfolgefiktionen zur Bewertung der Vorräte (§ 256 S.1 HGB)	=	=	=	=	=	=

Änderungen durch das BilMoG auf:	Eigenkapital	Anlagevermögen	Deckungsgrad A	monet. UV	kurzfr. FK	Liquidität 2. Grades
Abschaffung der Möglichkeit zur Aktivierung von Aufwendungen für die Ingangsetzung und Erweiterung des Geschäftsbetriebs (§ 269 HGB a.F.)	-	=	-	=	=	=
Pflicht zur Saldierung eigener Anteile mit dem Eigenkapital (§ 272 HGB)	-	=	-	-	=	-
Änderung der Systematik zur Bildung latenter Steuern, Aktivierungspflicht für latente Steuern aus temporären Ansatz- und Bewertungsunterschieden und steuerlichen Verlustvorträgen (§ 274 HGB)	+	=	+	=	=	=

- **Auswirkungen auf die Bilanzanalyse bzw. Bilanzkennzahlen:**

Die oben dargestellten Tabellen verdeutlichen, dass die Neuerungen des BilMoG sehr unterschiedlich auf die Liquiditätskennzahlen wie Deckungsgrad A oder Liquidität 2. Grades wirken. Deshalb kann eine allgemein gültige Trendaussage nicht abgegeben werden. Sämtliche Änderungen der Bilanzierungs- und Bewertungsvorschriften führen nicht zu einer Veränderung des Finanzmittelbestands. Zukünftig wird die Bilanzanalyse in jedem Fall ein klareres, also ein weniger durch Bilanzierungs- und Bewertungswahlrechte verzerrtes Bild der Vermögens- und Kapitalstruktur eines Unternehmens generieren.

4.2 Auswirkungen des BilMoG auf die Ertragslage im Einzelabschluss

Bei der Analyse der Ertragslage steht die Beurteilung der Ergebnisquellen wie das Betriebs-, Finanzergebnis und des außerordentlichen Ergebnisses am gesamten Ergebnis vor Steuern im Mittelpunkt. Nicht zu vergessen ist dabei die Beurteilung des Jahresüberschusses bzw. –fehlbetrages.

Die das Finanzergebnis betreffenden Neuerungen durch das BilMoG begrenzen sich auf die Verkehrsbewertung von mit Handelsabsicht erworbenen Finanzinstrumenten nach § 253 Abs. 1 S. 3 HGB, die Bewertung von Grund- und Sicherungsgeschäften nach § 254 HGB und die Abzinsung von Pensionsrückstellungen sowie der langfristigen sonstigen Rückstellungen nach § 253 Abs. 2 HGB.

- **Auswirkungen auf die Bilanzanalyse bzw. Bilanzkennzahlen:**

Die mit Handelsabsicht erworbenen Finanzinstrumente unterlagen bisher dem strengen Niederstwertprinzip nach § 253 Abs. 3 S. 1 HGB a. F.. Die Neuregelung durch das BilMoG ermöglicht nun erstmalig die Bewertung dieser Finanzinstrumente zu Verkehrswerten, die über den Anschaffungskosten liegen. Die daraus resultierenden Ergebnisse sind üblicherweise im Finanzergebnis auszuweisen und bewirken eine Vorverlagerung von Gewinnen zu Lasten späterer Finanzergebnisse.
Ebenso ist dies bei der Bewertung von Grund- und Sicherungsgeschäften der Fall.

Die Pensionsrückstellungen sind zukünftig nicht mehr mit dem steuerlichen Satz von sechs Prozent oder einem anderen kaufmännisch vernünftigen Wert abzuzinsen, sondern mit den von der Deutschen Bundesbank veröffentlichten Zinssätzen. Im

Moment kann mit tendenziell geringeren Abzinsungssätzen und mit folglich geringeren Zinsaufwendungen als in der Vergangenheit gerechnet werden, da seit einigen Jahren eine Niedrigzinsphase anhält. Bei den sonstigen Rückstellungen mit einer Restlaufzeit von über einem Jahr, für welche bislang eine Abzinsung unterblieben ist, führt die Neuregelung zu einem Zinsaufwand.

Der überwiegende Teil der Neuerungen des BilMoG beeinflusst die Höhe des operativen Ergebnisses und führt zu einer Verschiebung von Aufwendungen in spätere Geschäftsjahre bzw. zu einer zeitlichen Vorverlagerung von Erträgen. Anzuführen sind hierbei die:

- Die Aktivierungspflicht des Geschäfts- oder Firmenwerts nach § 246 Abs. 1 S. 4 HGB und der Entwicklungskosten nach § 255 Abs. 2a S. 2 und 3 HGB führt zur Abschreibung der Unterschiedsbeträge über die wirtschaftliche Nutzungsdauer.
- Der Wegfall der Möglichkeiten zur Übertragung von Rücklagen nach § 247 Abs. 3 HGB a. F. führt zu einem ungekürzten Gewinnausweis im Zeitpunkt der Veräußerung.
- Die Streichung von Abschreibungen im Rahmen kaufmännischer vernünftiger Beurteilung und zur Vorwegnahme künftiger Wertschwankungen nach § 253 Abs. 3 S. 3 und 4 HGB bewirken eine Verlagerung von Abschreibungen in spätere Geschäftsjahre.
- Die Pflicht zur Wertaufholung bei Wegfall des Grundes für die frühere außerplanmäßige Abschreibung nach § 253 Abs. 5 HGB führt zu einem Ausweis eines Zuschreibungsertrages.
- Die Anhebung der Wertuntergrenze bei den Herstellungskosten nach § 255 Abs. 2 HGB führt zu reduzierten Aufwendungen und zu einer entsprechend höheren Bewertung der Bilanzposition.
- Die Neuregelung der latenten Steuern nach § 274 HGB führen zu einer Verschiebung von Steueraufwendungen in zukünftige Perioden.

Zusammenfassend kann festgehalten werden, dass mit dem BilMoG wesentliche Bilanzierungs- und Bewertungswahlrechte gestrichen wurden. Dadurch wird die willkürliche Legung und Auflösung von stillen Reserven eingedämmt. Dies führt letztlich zu einer zeitlichen Vorverlagerung des Gewinnausweises. Die

Neuregelungen bewirken grundsätzlich eine zeitliche Verschiebung von Erträgen und Aufwendungen. Die Ertragskraft einer Unternehmung wird dadurch aber nicht nachhaltig verbessert.

4.3 Die Auswirkungen durch das BilMoG auf die Bilanzkennzahlen anhand eines beispielhaften Jahresabschlusses der Master-GmbH

Die zuvor genannten Auswirkungen durch das BilMoG auf die Bilanzanalyse bzw. Bilanzkennzahlen werden nun im Folgenden anhand eines selbst gewählten Ansatzes dargestellt. Dies erfolgt anhand eines beispielhaften Jahresabschlusses der Master-GmbH zum 31.12.2010. Dabei wird der Jahresabschluss der Master-GmbH nach HGB a. F. zum 31.12.2010 vorgenommen. Gleichzeitig wird der Jahresabschluss der Master-GmbH simultan nach HGB n. F. gegenübergestellt. In diesem Beispiel wird ausschließlich das Geschäftsjahr 2010 betrachtet, eine Berücksichtigung der Vor- bzw. Folgejahre findet nicht statt. Die Auswirkungen der Neuerungen durch das BilMoG finden anhand von ausgewählten Fallbeispielen Eingang in die Bilanz und in die GuV der Master-GmbH.

Die Bilanz der Master-GmbH zum 31.12.2010 sowohl nach HGB a. F. als auch nach HGB n. F.:

Bilanz der Master-GmbH zum 31.12.2010		**HGB alt** in Tsd. EUR	**HGB neu** in Tsd. EUR	**Unterschied** absolute Werte
AKTIVA				
A. Anlagevermögen				
I. Immaterielle Vermögensgegenstände		**0,0**		
	Fall 1		*80,0*	
	Fall 2		*50,0*	
			130,0	**130,0**
II. Sachanlagen		**658,0**		
	Fall 3		*20,0*	
			678,0	**20,0**
III. Finanzanlagen		**235,4**		
	Fall 4 a)		*24,6*	
	Fall 4 c)		*-260,0*	
			0,0	**-235,4**
Summe Anlagevermögen		**893,4**	**808,0**	**-85,4**
B. Umlaufvermögen				
I. Vorräte		**5.242,5**		
	Fall 5		*70,0*	
			5.312,5	**70,0**
II. Forderung. und sonst. Vermögensgegenst.		**653,3**		
	Fall 6		*10,0*	
			663,3	**10,0**
III. Kasse, Bank, Schecks und Wertpapiere		**3.222,4**	**3.222,4**	**0,0**
Summe Umlaufvermögen		**9.118,2**	**9.198,2**	**80,0**
C. Rechnungsabgrenzungsposten				
D. Aktive latente Steuern		**0,0**		
	Fall 8		*1,4*	
			1,4	**1,4**
E. Aktiver Unterschiedsbetrag aus der Vermögensverrechnung		**0,0**	**0,0**	**0,0**
Summe AKTIVA		**10.011,6**	**10.007,6**	**-4,0**

Bilanz der Master-GmbH zum 31.12.2010	HGB alt in Tsd. EUR	HGB neu in Tsd. EUR	Unterschied absolute Werte
PASSIVA			
A. Eigenkapital			
I. Gezeichnetes Kapital	552,6	552,6	0,0
II. Kapitalrücklage	0,0	0,0	0,0
III. Gewinnrücklagen	0,0	0,0	0,0
IV. Gewinnvortrag / Verlustvortrag	195,3	195,3	0,0
V. Jahresüberschuss / Jahresfehlbetrag	222,3	344,1	121,8
VI. Sonderposten mit Rücklagenanteil	380,6	380,6	0,0
Summe Eigenkapital	1.350,8	1.472,6	121,8
B. Rückstellungen			
I. Rückstellungen für Pensionen und ä.V.	350,0		
Fall 4 b)		*68,0*	
Fall 4 c)		*-260,0*	
		158,0	-192,0
II. Steuerrückstellungen	40,0		
Fall 7		*66,2*	
		106,2	66,2
III. Sonstige Rückstellungen	299,6	299,6	0,0
Summe Rückstellungen	689,6	563,8	-125,8
C. Verbindlichkeiten			
davon langfristig	4.148,2	4.148,2	0,0
davon kurzfristig	3.823,0	3.823,0	0,0
Summe Verbindlichkeiten	7.971,2	7.971,2	0,0
D. Rechnungsabgrenzungsposten			
E. Passive latente Steuern			
Summe PASSIVA	10.011,6	10.007,6	-4,0

Die Gewinn- und Verlustrechnung der Master-GmbH zum 31.12.2010:

	GuV der Master-GmbH **zum 31.12.2010**		**HGB alt** in Tsd. EUR	**HGB neu** in Tsd. EUR	**Unterschied** absolute Werte
1.	Gesamterlöse / Umsatzerlöse		22.718,1	22.718,1	0,0
2.	Bestandsveränderungen		-963,3	-963,3	0,0
	Betriebsleistung		**21.754,8**	**21.754,8**	**0,0**
3.	Materialaufwand		16.773,3		
		Fall 5		*-70,0*	
				16.703,3	-70,0
	Bruttoertrag / Rohertrag / Wertschöpfung		**4.981,5**	**5.051,5**	**70,0**
4.	Personalaufwendungen		2.028,6		
		Fall 2		*-30,0*	
				1.998,6	-30,0
5.	Abschreibungen		358,2		
		Fall 1		*20,0*	
		Fall 3		*-20,0*	
				358,2	0,0
6.	Sonstige betriebliche Aufwendungen		2.027,7		
		Fall 1		*-100,0*	
		Fall 2		*-20,0*	
				1.907,7	-120,0
	Gesamtaufwand		**4.414,5**	**4.264,5**	**-150,0**
	Betriebsergebnis		**567,0**	**787,0**	**220,0**
7.	Sonstige Zinsen und Erträge		36,9	36,9	0,0
8.	Zinsen und ähnliche Aufwendungen		256,5	256,5	0,0
	Finanzergebnis		**-219,6**	**-219,6**	**0,0**
	Ergebnis der gewöhnlichen Geschäftstätigkeit		**347,4**	**567,4**	**220,0**
9.	Außerordentliche Erträge		719,1		
		Fall 4 a)		*24,6*	
		Fall 6		*10,0*	
				753,7	34,6
10.	Außerordentliche Aufwendungen		721,8		
		Fall 4 b)		*68,0*	
				789,8	68,0
	Außerordentliches Ergebnis		**-2,7**	**-36,1**	**-33,4**
	Ergebnis vor Steuern		**344,7**	**531,3**	**186,6**

11. Steuern vom Einkommen und Ertrag		122,4		
	Fall 7		*66,2*	
	Fall 8		*-1,4*	
			187,2	64,8
Jahresüberschuss / Jahresfehlbetrag		**222,3**	**344,1**	**121,8**

Nachfolgend werden die Fälle genannt, anhand derer die Neuerungen des BilMoG in die Bilanzanalyse Eingang gefunden haben. Dabei mussten folgende Änderungen bei der Erstellung des Jahresabschlusses zum 31.12.2010 nach BilMoG gemacht werden:

Fall 1:

Im Januar 2010 kaufte die Master-GmbH einen Kundenstamm im Wert von 100,0 TSD Euro, welcher auf 5 Jahre abgeschrieben wird.

Nach § 255 Abs. 4 HGB a. F. besteht hier ein Aktivierungswahlrecht, welches nicht ausgeübt wurde.

Nach § 246 Abs. 1 Satz 4 HGB n. F. besteht hier eine Aktivierungspflicht.

In der GuV vermindern sich sonstige betriebliche Aufwendungen um 100,0 TSD Euro, die Abschreibungen erhöhen sich um 20,0 TSD Euro. In der Bilanz ist die Position I. Immaterielle Vermögensgegenstände um 100,0 TSD Euro - 20,0 TSD Euro = 80,0 TSD Euro entgeltlich erworbener Geschäfts- oder Firmenwert zu erhöhen.

Fall 2:

Selbsterstellung einer patentierten Software im Wert von 50,0 TSD Euro nach Wertermittlung am 31.12.2010.

Nach § 248 Abs. 2 HGB a. F. besteht hier ein Aktivierungsverbot.

Nach § 255 Abs. 2a HGB n. F. besteht hier eine Aktivierungspflicht für die Entwicklungskosten von selbst geschaffenen immateriellen Vermögensgegenständen des Anlagevermögens.

In der Bilanz ist die Position I. Immaterielle Vermögensgegenstände um 50,0 TSD Euro zu erhöhen. In der GuV vermindern diese Entwicklungskosten die sonstigen betrieblichen Aufwendungen um 20,0 TSD Euro und die Personalaufwendungen um 30,0 TSD Euro.

Fall 3:

Steuerliche Sonderabschreibung nach § 6b EStG im Wert von 20,0 TSD Euro.

Nach § 279 Abs. 2 HGB a. F. bestand bei Kapitalgesellschaften hier ein Wahlrecht, welches ausgeübt wurde. Nach BilMoG bzw. HGB n. F. besteht hierfür ein Verbot und auch nach § Art. 67 Abs. 4 EGHGB besteht hier kein Fortführungswahlrecht, da diese steuerliche Sonderabschreibung in 2010 zum ersten Mal vorgenommen wurde.

Das Anlagevermögen ist demnach unter der Bilanzposition II. Sachanlagen um 20,0 TSD Euro zu erhöhen. In der GuV ist die Sonderabschreibung um 20,0 TSD Euro zu vermindern.

Fall 4:

a) Die Wertpapiere des Anlagevermögens sind zur Deckung der Pensionsrückstellungen verpfändet. Der Anschaffungswert der Wertpapiere beträgt 235,4 TSD Euro, der Zeitwert der Wertpapiere am 31.12.2010 beträgt 260,0 TSD Euro.
   Aus der Verrechnung des Buchwertes der Wertpapiere von 235,4 TSD Euro mit dem beizulegenden Zeitwert der Wertpapiere von 260,0 TSD Euro ergibt sich ein außerordentlicher Ertrag von 24,6 TSD Euro.

b) Die Pensionsrückstellungen sind nach § 253 Abs. 1 S. 2 HGB a. F. zum Rückzahlungsbetrag mit 350,0 TSD Euro bewertet. Die Bewertung der Pensionsrückstellungen am 31.12.2010 nach § 253 Abs. 1 S. 2 HGB n. F. zum Erfüllungsbetrag beträgt 418,0 TSD Euro.
   Aus der Anpassung der Pensionsrückstellungen zum Rückzahlungsbetrag (HGB a. F.) mit 350,0 TSD Euro auf den Erfüllungsbetrag (HGB n. F.) mit 418,0 TSD Euro ergibt sich ein außerordentlicher Aufwand für die Altersversorgung von 68,0 TSD Euro.

c) Das Saldierungsverbot nach § 246 Abs. 2 HGB a. F. von Vermögensgegenständen mit Schulden aus Altersversorgungsverpflichtungen wurde mit

§ 246 Abs. 2 S. 2 und 3 HGB n. F. aufgehoben. Demnach sind die Werte Zeitwert der Wertpapiere 260,0 TSD Euro mit dem Erfüllungsbetrag der Pensionsrückstellungen 418,0 TSD Euro nach BilMoG zu saldieren.

Fall 5:

Nach § 255 Abs. 2 HGB a. F. ist die Untergrenze der Herstellungskosten = Einzelkosten. Nach § 255 HGB n. F. ist diese um die MGK, FGK und dem Werteverzehr des AV zu erweitern.
Bewertung unfertige Erzeugnisse 380,0 TSD Euro. Neubewertung nach § 255 HGB am 31.12.2010 zu 450,0 TSD Euro. Die Neubewertung führt zu einem Anstieg des Buchwerts der Vorräte um 450,0 TSD Euro – 380,0 TSD Euro = 70,0 TSD Euro. Die Aktivierung der Gemeinkosten vermindert den Materialaufwand um -70,0 TSD Euro in der GuV.

Fall 6:

Die Master-GmbH hat eine Fremdwährungsforderung aus Lieferungen und Leistungen in Höhe von 100,0 TSD $ zum Kurs von 0,60 €/$ am 01.10.2010. Die Fremdwährungsforderung ist am 31.05.2011 fällig. Der Kurs zum 31.12.2010 beträgt 0,70 €/$.
Nach HGB a. F. erfolgte die Zugangsbewertung zum 01.10.2010 mit:
100,0 TSD $ x 0,60 €/$ = 60,0 TSD Euro.
Nach HGB n. F. erfolgt die Folgebewertung zum 31.12.2010 zum Kurs von 0,70 €/$, da die Restlaufzeit zum Abschlussstichtag kürzer ist als ein Jahr, d.h. 100,0 TSD $ x 0,70 €/$ = 70,0 TSD Euro. Es entsteht ein Währungsgewinn i.H.v. 10,0 TSD Euro der besteuert wird und deshalb auch keine latente Steuer zu bilden ist.[112]

Fall 7:

Die Verrechnung der Fälle 1-6 führen zu einem Mehrgewinn von 186,6 TSD Euro (Ergebnis vor Steuern neu 531,3 TSD Euro - Ergebnis vor Steuern alt 344,7 TSD Euro). Die Steuerlast hieraus beträgt 66,2 TSD Euro (Annahme: Steuersatz 35,5%). Die Steuerrückstellung ist demnach um 66,2 TSD Euro – 40,0 TSD Euro = 26,2 TSD Euro zu erhöhen.

[112] Vgl. § 256 a S. 2 HGB.

Fall 8:

Fall 4 b) führt zu einer aktiven latenten Steuer.[113]

In der Steuerbilanz ist die Höhe der Pensionsrückstellungen mit einem Wert von 350,0 TSD Euro ausgewiesen. In der Handelsbilanz n. F. sind die Pensionsrückstellungen mit einem Wert von 418,0 TSD Euro bewertet und ausgewiesen. Die Differenz beträgt 418,0 TSD Euro – 350,0 TSD Euro = 68,0 TSD Euro. Der unternehmensindividuelle Steuersatz der Master-GmbH beträgt 30%.

68,0 TSD Euro : 15 Jahre[114] = 4,5 TSD Euro, daraus 30% ergibt eine aktive latente Steuer in Höhe von 1,4 TSD Euro.[115]

Die Auswirkungen auf die Bilanzkennzahlenanalyse verdeutlicht die nachfolgende Tabelle:

[113] Vgl. ICV-Facharbeiterkreis „Controlling und IFRS"(Hrsg.): BilMoG und Controlling, 1. Aufl. 2009, S. 186; Vgl. dazu auch § 274 Abs. 1 S. 1 HGB.

[114] Vgl. ICV-Facharbeiterkreis „Controlling und IFRS"(Hrsg.): BilMoG und Controlling, 1. Aufl. 2009, S. 57.

[115] Vgl. ICV-Facharbeiterkreis „Controlling und IFRS"(Hrsg.): BilMoG und Controlling, 1. Aufl. 2009, S. 184-186.

			HGB alt	HGB neu	Unterschied
					relative Werte
Vermögensstruktur					
Anlagenintensität (%)	Zähler	Summe Anlagevermögen	893,4	808,0	
	Nenner	Bilanzsumme	10.011,6	10.007,6	
	Ergebnis	Division x 100	8,92%	8,07%	-0,85%
Umlaufintensität (%)	Zähler	Summe Umlaufvermögen	9.118,2	9.198,2	
	Nenner	Bilanzsumme	10.011,6	10.007,6	
	Ergebnis	Division x 100	91,08%	91,91%	0,83%
Umschlagsdauer der Vorräte (Tagen)	Zähler	Vorräte	5.242,5	5.312,5	
	Nenner	Umsatzerlöse	22.718,1	22.718,1	
	Ergebnis	Divison x 365	84,23	85,35	1,12
Umschlagsdauer Umlaufvermögen (Tagen)	Zähler	Umlaufvermögen	9.118,2	9.198,2	
	Nenner	Umsatzerlöse	22.718,1	22.718,1	
	Ergebnis	Divison x 365	146,5	147,78	1,28
Kapitalstruktur					
Eigenkapitlalquote	Zähler	Eigenkapital	1.350,8	1.472,6	
	Nenner	Bilanzsumme	10.011,6	10.007,6	
	Ergebnis	Division x 100	13,49%	14,72%	1,23%
kurzfr. Fremdkapitalquote	Zähler	kurzfristiges Fremdkapital	3.823,0	3.823,0	
	Nenner	Bilanzsumme	10.011,6	10.007,6	
	Ergebnis	Division x 100	38,19%	38,20%	0,01%
langfr. Fremdkapitalquote	Zähler	langfristiges Fremdkapital	4.148,2	4.148,2	
	Nenner	Bilanzsumme	10.011,6	10.007,6	
	Ergebnis	Division x 100	41,43%	41,45%	0,02%
Verschuldungsgrad	Zähler	Fremdkapital	7.971,2	7.971,2	
	Nenner	Eigenkapital	1.350,8	1.472,6	
	Ergebnis	Division x 100	590,11%	541,30%	-48,81%

			HGB alt	HGB neu	Unterschied relative Werte
Liquiditätstruktur					
Liquidität I	Zähler	Flüssige Mittel	3.222,4	3.222,4	
	Nenner	kurzfristiges Fremdkapital	3.823,0	3.823,0	
	Ergebnis	Division x 100	84,29%	84,29%	0,00%
Liquidität II	Zähler	Flüssige Mittel+sonst.VG+Ford.	3.875,7	3.885,7	
	Nenner	kurzfristiges Fremdkapital	3.823,0	3.823,0	
	Ergebnis	Division x 100	101,38%	101,64%	0,26%
Liquidität III	Zähler	Umlaufvermögen	9.118,2	9.198,2	
	Nenner	kurzfristiges Fremdkapital	3.823,0	3.823,0	
	Ergebnis	Division x 100	238,51%	240,60%	2,09%
Deckungsgrad A	Zähler	Eigenkapital	1.350,8	1.472,6	
	Nenner	Anlagevermögen	893,4	808,0	
	Ergebnis	Division x 100	151,20%	182,25%	31,05%
Deckungsgrad B	Zähler	EK + langfristiges FK	5.849,0	5.778,8	
(langfr. FK = Rückstellung für	Nenner	Anlagevermögen	893,4	808,0	
Pensionen + langfristiges FK)	Ergebnis	Division x 100	654,70%	715,20%	60,50%
Rentabilität					
Gesamtkapitalrentabilität	Zähler	EBIT + FK-Zinsen	601,2	787,8	
	Nenner	Gesamtkapital	10.011,6	10.007,6	
	Ergebnis	Division x 100	6,01%	7,87%	1,86%
Eigenkapitalrentabilität	Zähler	EBIT	344,7	531,3	
	Nenner	Eigenkapital	1.350,8	1.472,6	
	Ergebnis	Division x 100	25,52%	36,08%	10,56%
Umsatzrentabilität	Zähler	EBIT	344,7	531,3	
	Nenner	Umsatzerlöse	22.718,1	22.718,1	
	Ergebnis	Division x 100	1,52%	2,34%	0,82%

Die Fälle 1-4 führen – wie schon zuvor unter Punkt 4.1.1 beschrieben - zu einer Zunahme des Anlagevermögens. Folglich sollte dies eine Erhöhung der Eigenkapitalquote und der Anlagenintensität im Geschäftsjahr der Aktivierung zur Folge haben. Letztlich sind die Unterschiede der Bilanzkennzahlen der Vermögens- und Kapitalstruktur nur marginal, die Erhöhungen liegen bei rund einem Prozent, mit Ausnahme des Verschuldungsgrades, welcher sich durch das BilMoG deutlich verbessert hat. Die Saldierung von Vermögensgegenständen mit Schulden aus Altersversorgungsverpflichtungen nach Fall 4 c) führt allerdings zu einer Reduzierung der Bilanzpositionen A. III. Finanzanlagen auf der Aktivseite und B. I. Rückstellungen für Pensionen und ä.V. auf der Passivseite, was auch eine Reduzierung der Bilanzsumme nach sich zieht. Hierbei wird deutlich, dass sich die Neuerungen nach BilMoG auf Grund einer Wechselwirkung nahezu neutralisieren. Die einst ausgewiesene Reduzierung der Bilanzsumme um -260,0 TSD Euro wird durch die Erhöhungen der Bilanzpositionen nach BilMoG bis auf -4,0 TSD Euro ausgeglichen. Ohne die Saldierung nach Fall 4 c) würden sich die Auswirkungen durch BilMog deutlicher in den Bilanzkennzahlen niederschlagen.

Die Fälle 5 und 6 erhöhen die Bilanzpositionen im Umlaufvermögen auf Grund der neuen Bewertungsvorschriften nach BilMoG. Dadurch verändern sich die Bilanzkennzahlen wie schon in Kapitel 4.1.1 beschrieben. Die Verrechnung der Fälle 1-6 führen auf Grund einer deutlichen Reduzierung der Aufwendungen zu einem Mehrgewinn und dadurch auch zu einer höheren Steuerlast. Ebenso wird an diesem Beispiel deutlich, wie die Neuregelungen durch das BilMoG eine zeitliche Verschiebung von Erträgen und Aufwendungen bewirken. So führen die Fälle 1, 2 und 3 zu einer Reduzierung der Gesamtaufwendungen um -150,0 TSD Euro. Die Materialaufwendungen sind nach Fall 5 um -70 TSD Euro zu korrigieren, sodass sich das Betriebsergebnis um +220,0 TSD Euro verbessert. Die Fälle 4a) und 6 führen zu einer zeitlich Vorverlagerten Gewinnausweisung von insgesamt 34,6 TSD Euro. Dieser steht ein außerordentlicher Aufwand aus Fall 4b) von 68,0 TSD Euro gegenüber. Dadurch verbessert sich das Ergebnis vor Steuern (EBIT) um insgesamt 186,6 TSD Euro, was sich deutlich in der Eigenkapitalrentabilitätskennzahl niederschlägt. Diese erhöht sich um über 10 Prozent bei unverändertem Gesamt- bzw. Umsatzerlös.
Auf Grund der Ansatz-, Ausweis- und Bewertungsvorschriften nach BilMoG erhöhen sich der Jahresüberschuss - und damit auch das Eigenkapital - um 121,8 TSD Euro.

Das nun höher ausgewiesene Eigenkapital bewirkt eine Erhöhung der Bilanzkennzahlen: Eigenkapitalquote, Verschuldungsgrad und der Deckungsgrade A und B. Gemessen an den Differenzen der relativen Werte ergeben sich hierfür die stärksten Veränderungen der Bilanzkennzahlen bei einer Gegenüberstellung von HGB a. F. zu HGB n. F..

5. Zusammenfassende Beurteilung

Das BilMoG ist seit der Verabschiedung des Bilanzrichtlinienengesetzes die umfassendste Reform des Rechts der Rechnungslegung. Mit dem BilMoG werden wesentliche Bilanzierungs- und Bewertungswahlrechte abgeschafft, aber auch neue Anhangsangabepflichten und die Verkehrsbewertung von Finanzinstrumenten eingeführt. Dies erfolgt im Hinblick auf die Angleichung an internationale Standards. Gleichzeitig werden der Informationsgehalt und die Aussagekraft durch die Ausweitung von zusätzlichen Angabepflichten im Anhang bzw. im Lagebericht bei Kapitalgesellschaften und Konzernen angehoben. Verzerrungen des durch den Jahresabschluss vermittelten Bildes der Vermögens-, Finanz- und Ertragslage werden durch steuerliche Vorschriften, Aufwandsrückstellungen, aktivierte Bilanzierungshilfen und willkürliche Abschreibungen deutlich reduziert. Ebenso können stille Reserven damit in Zukunft nicht mehr in dem Maß wie früher beliebig gebildet und aufgelöst werden. Für den Bilanzleser wird der Einblick in die Vermögenslage des Unternehmens erheblich verbessert. Die Aussagekraft des Jahresabschlusses wird deutlich erhöht. Die Vergleichbarkeit der HGB-Jahresabschlüsse unterschiedlicher Unternehmen und der daraus generierten bilanzanalytischen Auswertungen wird zukünftig steigen.

Gleichzeitig werden jedoch mit dem BilMoG auch neue Ermessensspielräume und damit faktische Wahlrechte geschaffen. Die Abgrenzung der Forschungskosten von den Entwicklungskosten, die Bestimmung der wirtschaftlichen Nutzungsdauer von Geschäfts- oder Firmenwerten oder die Verkehrsbewertung von zu Handelszwecken gehaltenen Finanzinstrumenten, für die kein aktiver Markt besteht, eröffnen dem Bilanzierenden neue Spielräume und können folglich die Qualität bilanzanalytischer Auswertungen beeinträchtigen.

Die erstmalige Anwendung der Regelungen nach dem BilMoG führt durch geänderte Bewertungsvorschriften in der bilanziellen Darstellung zur teilweisen Aufdeckung von stillen Reserven des Unternehmens und vermittelt um so mehr ein, den tatsächlichen Verhältnissen entsprechendes Bild. Dieses wird noch unterstützt durch zusätzliche Angaben im Anhang nach dem BilMoG.

Die Vermögensposten der Bilanz werden tendenziell höher bewertet und das Eigenkapital nimmt zu. Weiterhin steigt die Bilanzsumme (Ausnahme: Saldierungsgebot s.u.) was in der Summe der Änderungen oftmals zu besseren Rating-Ergebnissen bei den Kreditinstituten führen wird. Die geänderten Ansatzvorschriften, insbesondere das Saldierungsgebot in der Bilanz bewirken, nur im Jahr der erstmaligen Anpassung, aber eine deutliche Verminderung der Bilanzsumme. Aus der erstmaligen Anwendung der neuen Regelungen durch das BilMoG kann ein erheblicher Einmaleffekt auf das Periodenergebnis und das Eigenkapital resultieren. Die Veränderung der Eigenkapitalrentabilität hängt letztlich davon ab, ob der Ergebniseffekt in einer Periode den Eigenkapitaleffekt überwiegt.
Am Beispiel der Master-GmbH wurde deutlich, dass das EBIT durch die Umstellung auf das BilMoG ansteigt. Auf die Höhe des Gesamtkapitals wirken jedoch unterschiedliche Faktoren. Ergebniserhöhende Effekte bewirken einen Anstieg des Eigenkapitals und damit auch des Gesamtkapitals. Die zuvor erläuterte Saldierung von Planvermögen mit Pensionsrückstellungen bewirkt tendenziell eine Senkung des Gesamtkapitals. Daher kann eine allgemein gültige Aussage über die Entwicklung der Gesamtkapitalrentabilität nicht getroffen werden. Die Umsatzrentabilität wird in Folge eines höheren EBIT bei unverändertem Umsatzerlös ansteigen. Auf die Liquiditätskennzahlen wirken die Neuerungen des BilMoG sehr unterschiedlich, deshalb kann auch hier eine allgemein gültige Trendaussage nicht abgegeben werden.

Zusammenfassend kann gesagt werden, dass die Änderungen des BilMoG auf die Bilanzkennzahlen tendenziell zu einer verbesserten finanziellen Stabilität und Flexibilität führen. Im Einzelfall kann es aber zu höchst unterschiedlichen Ergebnissen führen.

Anhang

Die wesentlichen Änderungen durch das BilMoG sind in Kapitel 2 ausführlich beschrieben. Zusammenfassend handelt es sich beim Einzelabschluss im Wesentlichen um folgende Punkte:

- Einführung einer Größenschwelle für die Rechnungslegung.
- Wegfall der umgekehrten Maßgeblichkeit.
- Erhöhung der Schwellenwerte für die Größeneinteilung von Kapitalgesellschaften.
- Veränderungen von Rechnungslegungsprinzipien (Ansatzpflicht, Saldierungsverbot).
- Bildung von Bewertungseinheiten.
- Einschränkung von Bewertungswahlrechten.
- Abschaffung von Ansatzwahlrechten.
- Aktivierungswahlrecht für selbst geschaffene immaterielle Vermögensgegenstände.
- Latente Steuern.
- Bewertung von Rückstellungen.
- Ausweitung der Anhangberichterstattung und Lagebericht.

Beim Konzernabschluss:

- Erhöhung der Schwellenwerte für die Konzernrechnungslegungspflicht.
- Einschränkung der Möglichkeiten der Kapitalkonsolidierung.
- Abschaffung des Konzepts der einheitlichen Leitung

1. Neue Ansatzvorschriften

Wirtschaftliche Zurechnung von Vermögensgegenständen		
Gesetz	**Norm**	**Inhalt**
HGB a. F.		Nicht ausdrücklich geregelt
HGB	§ 246 Abs. 1 Sätze 2+3 HGB	Grundsatz der wirtschaftlichen Zurechnung von VG; ausdrücklich im Gesetz geregelt; keine materielle Änderung

Saldierung von Vermögensgegenständen mit Schulden aus Altersversorgungsverpflichtungen		
Gesetz	**Norm**	**Inhalt**
HGB a. F.	§ 246 Abs. 2 HGB a. F.	Saldierungsverbot
HGB	§ 246 Abs. 2 Sätze 2+3 HGB § 268 Abs. 8 HGB	Saldierungsgebot mit Ausschüttungssperre

Gebot der Ansatzstetigkeit		
Gesetz	**Norm**	**Inhalt**
HGB a. F.	§ 252 Abs. 1 Nr. 6 HGB a. F.	Bewertungsstetigkeit
HGB	§ 246 Abs. 3 HGB § 252 Abs. 1 Nr. 6 HGB	Ansatzstetigkeit und Bewertungsstetigkeit

2. Neue allgemeine Bewertungsvorschriften

Vorübergehende Wertminderung im Anlagevermögen		
Gesetz	**Norm**	**Inhalt**
HGB a. F.	§ 253 Abs. 2 Satz 3 HGB a.F.	Wahlrecht für außerplanmäßige Abschreibung bei vorübergehender Wertminderung im AV bei Nicht-Kapitalgesellschaften
HGB	§ 253 Abs. 3 Satz 3 HGB	Verbot für außerplanmäßige Abschreibungen bei immateriellen Vermögensgegenständen und Sachanlagen bei vorübergehender Wertminderung (bei allen Kaufleuten)
	§ 253 Abs. 3 Satz 4 HGB	Wahlrecht für außerplanmäßige Abschreibung bei vorübergehender Wertminderung bei Finanzanlagen

Wertschwankungsabschreibung		
Gesetz	**Norm**	**Inhalt**
HGB a. F.	§ 253 Abs. 3 Satz 3 HGB a.F.	Wahlrecht für Wertschwankungsabschreibungen im Umlaufvermögen
HGB		Verbot der Wertschwankungsabschreibungen im Umlaufvermögen
	Art. 67 Abs. 4 EGHGB	Fortführungswahlrecht

Abschreibungen im Rahmen vernünftiger kaufmännischer Beurteilung		
Gesetz	**Norm**	**Inhalt**
HGB a. F.	§ 253 Abs. 4 HGB a. F.	Wahlrecht für Abschreibung im Rahmen vernünftiger kaufmännischer Beurteilung bei Nicht-Kapitalgesell.
HGB		Verbot für Abschreibungen im Rahmen vernünftiger kaufmännischer Beurteilung bei allen Kaufleuten
	Art. 67 Abs. 4 EGHGB	Fortführungswahlrecht

Steuerrechtlich zulässige Abschreibungen		
Gesetz	**Norm**	**Inhalt**
HGB a. F.	§ 254 HGB a. F.	Wahlrecht für nur steuerrechtlich zulässige Abschreibungen bei Nicht - Kapitalgesellschaften
	§ 279 Abs. 2 HGB a. F.	Wahlrecht für nur steuerrechtlich zulässige Abschreibungen bei umgekehrter Maßgeblichkeit bei Kapitalgesellschaften
HGB		Verbot von nur steuerrechtlich zulässige Abschreibungen
	Art. 67 Abs. 4 EGHGB	Fortführungswahlrecht

Wertaufholung		
Gesetz	**Norm**	**Inhalt**
HGB a. F.	§ 253 Abs. 5 HGB a. F.	Wahlrecht zur Wertaufholung bei Nicht - Kapitalgesellschaften
	§ 280 Abs. 1 HGB a. F.	Pflicht zur Wertaufholung bei Kapitalgesellschaften
HGB	§ 253 Abs. 5 Satz 1 HGB	Pflicht zur Wertaufholung
	§ 253 Abs. 5 Satz 2 HGB	Verbot der Wertaufholung beim Firmenwert

Bewertungseinheiten		
Gesetz	**Norm**	**Inhalt**
HGB a. F.		Keine gesetzliche Regelung
HGB	§ 254 HGB	Gebot zur Bildung von Bewertungseinheiten zum Ausgleich gegenläufiger Wertminderungen

Untergrenze der Herstellungskosten		
Gesetz	**Norm**	**Inhalt**
HGB a. F.	§ 255 Abs. 2 HGB a. F.	Einzelkosten
HGB	§ 255 HGB	Einzelkosten + Materialgemeinkosten + Fertigungsgemeinkosten + Werteverzehr des AV
		Beibehaltungswahlrecht

Herstellungskosten	
Materialkosten	**Aktivierungspflicht**
Fertigungskosten	
Sondereinzelkosten der Fertigung	
angemessene Teile der MGK	
angemessene Teile der FGK	
Werteverzehr des AV (durch Fertigung)	
angemessene Teile der allgemeinen Verwaltungskosten	**Aktivierungswahlrecht**
angemessene Aufwendungen für soziale Einrichtungen des Betriebs	
angemessene Aufwendungen für die betriebliche Altersversorgung	
Forschungskosten	**Aktivierungsverbot**
Vertriebskosten	

Währungsumrechnung		
Gesetz	**Norm**	**Inhalt**
HGB a. F.		Keine gesetzliche Regelung
HGB	§ 256 a Satz 1 HGB	Restlaufzeit von mehr als einem Jahr Umrechnung am Abschlussstichtag zum Devisenkassamittelkurs mit Restriktionen
	§ 256 a Satz 2 HGB	Restlaufzeit ein Jahr oder weniger Umrechnung am Abschlussstichtag zum Devisenkassamittelkurs ohne Restriktionen

3. Änderungen bei Ansatz, Bewertung und Ausweis einzelner Bilanzposten

Aufwendungen für die Ingangsetzung und Erweiterung des Geschäftsbetriebs		
Gesetz	**Norm**	**Inhalt**
HGB a. F.	§ 269 HGB a. F.	Aktivierungswahlrecht
HGB		Aktivierungsverbot
	Art. 67 Abs. 5 EGHGB	Fortführungswahlrecht

Selbst geschaffene immaterielle Vermögensgegenstände des Anlagevermögens		
Gesetz	**Norm**	**Inhalt**
HGB a. F.	§ 248 Abs. 2 HGB a. F.	Aktivierungsverbot
HGB	§ 268 Abs. 8 i.V.m.	Aktivierungsverbot für Forschungsko.
	§ 255 Abs. 2a HGB	Aktivierungspflicht für Entwicklungskosten
	§ 268 Abs. 8 HGB	Ausschüttungssperre für aktivierte Entwicklungskosten

Entgeltlich erworbener Geschäfts- oder Firmenwert		
Gesetz	**Norm**	**Inhalt**
HGB a. F.	§ 255 Abs. 4 HGB a. F.	Aktivierungswahlrecht
HGB	§ 246 Abs. 1 Satz 4 HGB	Aktivierungspflicht
		Abschreibung über die betriebsgewöhnliche Nutzungsdauer

Vorräte - Bewertungsvereinfachungsverfahren		
Gesetz	**Norm**	**Inhalt**
HGB a. F.	§ 240 Abs. 4 HGB a. F.	Durchschnittsbewertung
	§ 256 HGB a. F.	FIFO, LIFO und sonstige Verbrauchsfolgeverfahren
HGB	§ 240 Abs. 4 HGB	Durchschnittsbewertung
	§ 256 HGB	FIFO-, LIFO-Verfahren

Zölle und Verbrauchssteuern auf Vorräte und Umsatzsteuer auf enthaltene Anzahlungen		
Gesetz	**Norm**	**Inhalt**
HGB a. F.	§ 250 Abs. 1 Satz 2 HGB a.F.	Aktivierungswahlrecht
HGB		Aktivierungsverbot
	Art. 67 Abs. 3 Satz 1 EGHGB	Fortführungswahlrecht

Aktive latente Steuer		
Gesetz	**Norm**	**Inhalt**
HGB a. F.	§ 274 HGB a. F.	Aktivierungswahlrecht timing-concept Saldierungsgebot
HGB	§ 274 HGB	Aktivierungswahlrecht für Überhang temporary-concept Saldierungswahlrecht

Sonderposten mit Rücklageanteil		
Gesetz	**Norm**	**Inhalt**
HGB a. F.	§ 247 Abs. 3 HGB a. F.	Passivierungswahlrecht
HGB		Passivierungsverbot
	Art. 67 Abs. 3 EGHGB	Beibehaltungswahlrecht

Pensionsrückstellungen		
Gesetz	**Norm**	**Inhalt**
HGB a. F.		Anerkannte Bewertungsverfahren
	§ 253 Abs.1 Satz 2 HGB a. F.	Bewertung zum Rückzahlungsbetrag Abzinsungsgebot
HGB		Anerkanntes Bewertungsverfahren
	§ 253 Abs. 1 Satz 2 HGB	Bewertung zum Erfüllungsbetrag
	§ 253 Abs. 2 HGB	Abzinsungsgebot geglätteter Marktzins
	Art. 67 Abs. 1 EGHGB	Übergangsregelung

Rückstellung für unterlassene Instandhaltung		
Gesetz	**Norm**	**Inhalt**
HGB a. F.	§ 249 Abs.1 Satz 3 HGB a.F.	Passivierungswahlrecht
HGB		Passivierungsverbot
	Art. 67 Abs. 3 EGHGB	Beibehaltungswahlrecht

Aufwandsrückstellungen		
Gesetz	**Norm**	**Inhalt**
HGB a. F.	§ 249 Abs.2 HGB a.F.	Passivierungswahlrecht
HGB		Passivierungsverbot
	Art. 67 Abs. 3 EGHGB	Beibehaltungswahlrecht

Sonstige Rückstellungen		
Gesetz	**Norm**	**Inhalt**
HGB a. F.		Anerkannte Bewertungsverfahren
	§ 253 Abs.1 Satz 2 HGB a.F.	Bewertung zum Rückzahlungsbetrag Abzinsungsgebot
HGB		Anerkanntes Bewertungsverfahren
	§ 253 Abs.1 Satz 2 HGB	Bewertung zum Erfüllungsbetrag
	§ 253 Abs.2 HGB	Abzinsungsgebot geglätterter Marktz.

Passive latente Steuer		
Gesetz	**Norm**	**Inhalt**
HGB a. F.	§ 274 HGB a. F.	Passivierungspflicht timing-concept Saldierungsgebot
HGB	§ 274 HGB	Passivierungspflicht für Überhang temporary-concept Saldierungswahlrecht

Literatur- und Quellenverzeichnis:

Barth, Th.; Barth, D.: Controlling, München 2004.

Binger, Marc: Der Ansatz von Rückstellungen nach HGB und IFRS im Vergleich, 1. Aufl., 2009.

Brühl, R.: Controlling: Grundlagen des Erfolgcontrollings, 2. Aufl., München 2009.

Bundesministerium der Justiz, (Hrsg.), Referentenentwurf eines Gesetzes zur Modernisierung des Bilanzrechts (Bilanzrechtsmodernisierungsgesetz – BilMoG), Bonn 2007.

Einführungsgesetz zum Handelsgesetzbuch (EGHGB).

Einkommenssteuergesetz (EStG)

Fischer, D.:Controlling: Balanced Scorecard, Kennzahlen, Prozess- und Risikomanagement, München 2009.

Gräfer, Horst: Bilanzanalyse, 10. Aufl., 2008.

Groll, Karl-Heinz: Das Kennzahlensystem zur Bilanzanalyse, 2. Aufl., München 2004.

Handelsgesetzbuch (HGB).

Hahn, K.: Skript: Bilanzierung BilMoG und IFRS.

Hessen, B.; Gruber, W.: Bilanzanalyse und Kennzahlen, 2. Aufl., Wiesbaden 2009.

Horvàth, Pèter: Controlling, 11. Aufl., München 2009.

Krause, H.-U.; Arora, D.: Controlling-Kennzahlen Key Performance Indicators, 2. Aufl., München 2010.

Kreipl, Markus: Die Deregulierung der HGB-Rechnungslegung als Herausforderung für die Unternehmensüberwachung, ZCG, März 2009.

Küting, K.; Weber, C.-P.: Die Bilanzanalyse, 8. Aufl., Stuttgart 2009.

Peemöller, Volker: Bilanzanalyse und Bilanzpolitik, 3. Aufl., Wiesbaden 2003.

Preißler, Peter R.: Betriebswirtschaftliche Kennzahlen, 2008.

Preißler, Peter R.: Controlling, 13. Aufl., München 2007.

Thaut, M.: Auswirkungen des BilMoG auf die Bilanzierung und Bewertung von Pensionsverpflichtungen in der Handelsbilanz unter besonderer Berücksichtigung des 15-jährigen Übergangszeitraums, 2009.

Theile, C., Reform des Bilanzrechts durch das Bilanzrechtsmodernisierungsgesetz. Übersicht der wesentlichen Änderungen für den Jahresabschluss (Teil 1), 2007.
Theile, C., Stahnke, M., Bilanzierung sonstiger Rückstellungen nach dem BilMoGRegierungsentwurf, 2008.

Weber, J.; Schäffer, U.: Einführung in das Controlling, 12. Aufl., Stuttgart 2008.

Wöhe, G.: Bilanzierung und Bilanzpolitik, 9. Aufl., München 1997.

Wöhe, G.: Einführung an die Allgemeine Betriebswirtschaftslehre, 19. Aufl., München 1996.

Verordnung (EG) Nr. 1606/2002 des Europäischen Parlaments und des Rates vom 19.07.2002 betreffend der Anwendung internationaler Rechnungslegungsstandards, ABIEG Nr. L 243.

Beiträge aus dem Internet:

BMJ, Referentenentwurf eines Bilanzrechtsmodernisierungsgesetzes (BilMoG). http://www.bmj.de/files/-/2567/RefE%20BilMoG.pdf

BMJ, Wesentliche Änderungen des Bilanzrechtsmodernisierungsgesetzes im Überblick.
http://www.bmj.de/files/-/3542/wesentliche_aenderungen_bilmog.pdf

Bundesministerium der Justiz: Neues Bilanzrecht: Milliardenentlastung für den deutschen Mittelstand beschlossen, Pressemitteilung vom 26. März 2009, http://www.bmj.bund.de.

BR-Drucksache 270/09: Gesetzesbeschluss des Deutschen Bundestages. Gesetz zur Modernisierung des Bilanzrechts (Bilanzrechtsmodernisierungsgesetz – BilMoG) vom 27.03.2009,
http://www.bmj.bund.de/files/-/3551/gesetzesbeschluss_bilmog.pdf.

BR-Druckssache 344/08: Stellungsnahme des Bundesrates zum Entwurf eines Gesetzes zur Modernisierung des Bilanzrechts (Bilanzrechtsmodernisierungsgesetz – BilMoG) vom 04.07.2008,
http://www.bmj.bund.de/files//3223/Stellungnahme%20Bundesrat_BilMoG.pdf.

BT-Drucksache 16/12407: Beschlussempfehlung und Bericht des Rechtsausschusses zu dem Gesetzentwurf der Bundesregierung – Drucksache 16/10067 – Entwurf eines Gesetzes zur Modernisierung des Bilanzrechts (Bilanzrechtsmodernisierungsgesetz – BilMoG) vom 24.03.2008,
http://www.bmj.bund.de/files/-/3541/beschlussempfehlung_bericht_ rechtsausschuss_bilmog.pdf.

Gesetz zur Modernisierung des Bilanzrechts (Bilanzrechtsmodernisierungsgesetz – BilMoG) vom 25.05.2009, in Bundesgesetzblatt 2009, Teil I Nr. 27, 1102-1137, ausgegeben Bonn am 25.05.2009,
http://www.bmj.bund.de/files/-/3691/bilmog_gesetz_bundesgesetzblatt.pdf.

Der Autor

Thomas Albers (geb. Brucker) wurde 1975 in Esslingen a.N. geboren. Sein Studium der Betriebswirtschaft schloss der Autor im Jahre 2002 mit dem akademischen Grad Diplom Betriebswirt (FH) erfolgreich ab. Nach seinem Studium absolvierte der Autor im Jahre 2010 den Hochschulgrad Master of Business Administration (MBA) im Fach Finance and Management.

Des Weiteren verlieh die Fakultät Wirtschafts- und Sozialwissenschaften der Universität Hohenheim dem Autor im Jahre 2012 den akademischen Grad Master of Science für das wirtschaftswissenschaftliche Lehramt.